印顺法师佛学著作选集

为居士说居士法

明达心无碍
居澹身自安
谦和容则大
精进道可成
印顺

中华书局

图书在版编目(CIP)数据

为居士说居士法/释印顺著. —北京:中华书局,2010.6
(2024.9 重印)
(印顺法师佛学著作选集)
ISBN 978-7-101-07046-0

Ⅰ.为… Ⅱ.释… Ⅲ.佛教-基本知识 Ⅳ.B94

中国版本图书馆 CIP 数据核字(2009)第 184036 号

经台湾财团法人印顺文教基金会授权出版

书 名	为居士说居士法
著 者	释印顺
丛 书 名	印顺法师佛学著作选集
责任编辑	朱立峰
封面设计	王铭基
责任印制	管 斌
出版发行	中华书局
	(北京市丰台区太平桥西里38号 100073)
	http://www.zhbc.com.cn
	E-mail:zhbc@zhbc.com.cn
印 刷	三河市宏盛印务有限公司
版 次	2010 年 6 月第 1 版
	2024 年 9 月第 4 次印刷
规 格	开本/880×1230 毫米 1/32
	印张 3¾ 插页 2 字数 90 千字
印 数	8501-9500 册
国际书号	ISBN 978-7-101-07046-0
定 价	18.00 元

目　　录

一　为居士说居士法 ………………………………… 1
二　佛法的信徒 ……………………………………… 9
　一　信徒必备的条件 ……………………………… 9
　二　佛徒的不同类型 ……………………………… 12
三　在家众的德行 …………………………………… 17
　一　一般的世间行 ………………………………… 17
　二　特胜的信众行 ………………………………… 22
四　建设在家佛教的方针 …………………………… 27
五　论三世因果的特胜 ……………………………… 37
六　生死大事 ………………………………………… 41
七　放下你的忧苦 …………………………………… 47
八　从心不苦做到身不苦 …………………………… 51
九　佛教的财富观 …………………………………… 55
　一　叙起 …………………………………………… 55
　二　财富由布施福业而来 ………………………… 57
　三　如法求财不以非法 …………………………… 60
　四　财富的处理 …………………………………… 65

五　财富究属于谁 …………………………………… 66
一〇　**佛教的知识观** …………………………………… 71
　　一　一般文化界的看法 ……………………………… 71
　　二　佛教的知识观 …………………………………… 77
　　三　现代知识应有之反省 …………………………… 86
一一　**关于素食问题** …………………………………… 91
一二　**答苏建华居士** ………………………………… 101
一三　**答张展源居士** ………………………………… 105
一四　**答曾宏净居士** ………………………………… 107

附录
居士学佛之程序 ………………………… ·太虚·111

一　为居士说居士法

——在马尼拉居士林讲

居士林要我来这里做三天演讲,因为觉得佛法难闻,能够集合在这里讲和听,实在很不容易,所以我也很欢喜来此讲说。俗说:"见公说公法,见婆说婆法。"佛法是应机的,这个地方是居士林,诸位又都是居士,所以就以居士为题说居士法。

现在先从居士林说起,什么叫居士?什么叫林?居士,印度话是迦罗越。印度民族有阶级的分别,即贵族叫刹帝利,宗教阶级叫婆罗门,低级的叫奴隶,另外一种是从事农工商业自由经营生活的自由民。自由民在印度慢慢有了地位,与现代的资产阶级相类似,就是当时的居士阶级,这是居士的本义。佛法是讲平等,不主张阶级的,所以后来自由民一天一天多起来,居士的意义,在佛法中就变为居家之士,传到中国,又变为在家信佛者的通称。菲律宾称呼居士的不多,在国内无论男的女的都称居士,所以居士已是在家学佛的总称了。林是众多的意思,很多树在一起叫林。从前多数出家人,聚集在寺院里叫丛林。丛林并非寺庙,而是僧众集团。现在多数居士聚集而有组织的,就叫居士林,所以林是会与社的意思。居士林在中国的历史并不太长,大约在民国十年左右的时候，沪宁、沪杭甬两路局内奉佛的人，组织了一个团体，叫世界佛教居士林，这是居士林的开端，而渐渐为别处所采用。

佛教的信徒，可以分为两大类，就是出家与在家的分别。出家人集合在一起叫出家僧，在家学佛的组织叫居士林。这两种有什么不同呢？从皈信方面说，是一样地信仰佛法僧三宝；从修证佛法说，也没有多大的差别。据小乘说，在家能证得三果阿那含，出家能证得四果阿罗汉，相差也只有一级。在大乘佛法里，在家菩萨可多啦。诸大菩萨中，如文殊、普贤、观音、地藏等，只有地藏菩萨现出家相，其他都是现在家相的。不要以为在家就得不到佛法的深切修证，以为修证唯有出家才会得到。

既然没有差别，到底有什么不同呢？释迦牟尼佛诞生在印度，出家成佛，最初弘法时，听众觉悟而自愿跟佛出家，佛就把他们组成僧团。佛的制度，出家人不做生意、不做官，专门弘法利生，于是佛法就以出家人为主体而延续下来。过去出家人的责任，特别着重在这方面的。这好比政党的组织，必先有主义，党员必定要信仰与实行这个主义，但必须有一部分人不仅信仰实行，并且要专门办理党务的工作一样。这并不是说，在家众不必推动佛法，大家知道，在家众有父母夫妻儿女，忙于生计，各有各的工作，是不容许专门推动佛法的任务，因此才需要出家众。出家众，因为没有家庭生计的烦累，所以在修持弘法方面要便利得多。这是出家众与在家众稍为不同的地方。

不要以为居士有牵累，不能学佛弘法，其实这正是居士的长处。佛教并不单只到寺庙烧香念佛,也不单只是说法坐禅,它是要化导世界,使世界上的人一天一天向善,同受佛化,同证菩提的。在家人分布于农工商学兵各阶层,佛法正需要居士的力量,把它带到世界的每一角落。出家人保持声闻佛教的传统,与社会每保持相当距离;或者自己专修,暂时与外界隔绝。而大乘佛法的对象是众生,所以着重村落乡镇都市的地方,向大众弘法,深入社会。居士与社会的关系密切,更容易达成此一任务,由此可见居士在佛教中的地位是如何的重要!居士学佛,应着重在处世的、济世的、资生的、乐生的,切勿向消极、独善、专门在了死度亡方面用力。所以出家众与在家众应分工合作,而共同负起发扬佛教的责任。如居士林也成为一类似的寺院,便毫无意义,而失去在家佛徒组合的真正意义。

居士应该做大乘居士,学做菩萨,上求菩提,下化众生。要往菩提的路上走,一定要修学五法,此五法是佛特为在家众说的。诸位学佛,先要问问自己,这五种功德是否全部学到,或仅有少分。如人须五官端正,缺一不可,此五德,也是居士学佛所应求其做到的。五法是什么呢?

一、信:信仰三宝是否深刻坚决,如犹豫不决,似信非信,就差得还远,首先应该对三宝生起绝对的信仰。

二、戒:居士应该信仰三宝,更应进而修持五戒,因为戒行是一切人生道德的基础。学佛必须先完备人格,成为一切人中的君子。

三、闻:学佛的有了信仰以及好的道德行为,还是不够。要亲近善知识,多闻佛法,得到佛法的正知见,对佛法有深刻的了解。佛法的种种功德,都是从听闻得来,所以说:"由闻能知善,由闻能知恶,由闻离无义,由闻得涅槃。"

四、施:以上三种,都还是为了自己的利益,功德不够圆满。要施惠于人,牺牲自己,有钱出钱,有力出力,帮助他人。

五、慧:上面的闻法功德,还近于一般的知识。佛法是要离执著、了生死、度众生,都要有真实智慧。从闻思修而得真智慧,悟解真谛,才能达到佛法的深奥。所以这在学佛的过程中,是非常重要的。学佛的人有的学识渊博,有的品德高尚,有的慈悲喜舍,各有各的长处。但居士学佛而要求上进圆满,这五法都是要学习的。五法圆满,才有菩萨风格,才达到做菩萨居士的第一目标。

菩萨居士,要下化众生,这一定要学四摄法。摄是领导摄受的意思。要影响别人的思想,使接受自己的意见,必须有方法。不要看轻自己,以为不能起什么作用,学生可以领导同学,父母可以领导子女,店东可以领导店员,老师可以领导学生,在农工商各方面有成就的更不必说了,凡是与我们发生关系的,只要有方法都可以摄受领导他们,以佛法来熏陶他们,教化他们,救度他们,这方法就是现在要说的四摄法。

一、布施:在经济上、事业上、思想上,帮人家的忙,名为布施。受了你的恩惠对你自然而然发生好印象,信仰你所说的话,听从你的指挥,就是不合情理的话,他也会顺从你。有人问我:外道的教理很浅,为什么会那样地发达?我说:原因并非一端,但他们至少在布施方面做得很成功,好像办学校、办医院,受惠的人何止千万!感激之下,不管天国有没有,教主会不会救他生天,便什么都信了。佛教徒要使佛法发展,必须从布施入手,举办教育慈善救济等福利事业。假如学佛只为自己了生死,那倒算了,如学大乘佛法的要普济众生,那一定要学布施。所以菩萨着重布施波罗蜜,每见甲说的话,他不相信,但乙说了与甲同样的话,他却信了,为什么呢?就是他与乙之间有特别因缘的关系。有施惠于人,就与人有缘,有缘就容易教化,这是弘扬佛法救济众生的必要方法。

二、爱语:以和悦的语言来共同谈论,这可分为三种:

(一)、慰喻语:相见时,以慈和面容,亲爱的语言待人。要是有人生病或受到灾难、受到恐怖,更应劝勉他们,使得到精神上的慰藉。虽然没有什么力量可以帮助他,可是因为温柔的语言,同情的态度,他们会因而感激你的。

(二)、庆悦语:每个人都各有长处,就是坏人也有他的好处。凡有好处,我们都得赞叹、鼓励、激发,使他欢喜,可以激发他向上的心。从前欧洲有一位哲学家,起初是很平凡,因为太太的鼓励使他努力,结果成为著名的哲学家。要教化他人,应该先要赞叹鼓励人家,使他认识自己的长处,认识自己的功德,不但因此而对我们发生好感,也因此而引人走上良好的途径。

(三)、胜益语:这是使人进一步的意思。譬如有人已能布施,应引导他更进一步地持戒;学了小乘法的,应引导他进学大乘,才是究竟。为了使人进步,不但用善语劝勉,有时也要用呵斥、责备的语言。但以诚恳的态度、真切的感情,也会得到对方的同情接受的。

三、利行：父母教养子女，注意儿女的身心利益，自能得到儿女的孝顺；教师教导学生，如处处为学生利益着想，也必能得到学生的信仰；长官如顾到部下的利益，也会得到部属的拥戴。所以为了教化众生，使人乐意接受你的意见，接受你的领导，就不能不注意利行。欧洲有一特长于养野兽的，整天与老虎狮子为伍，打打骂骂，野兽也不会害他。人家问他为什么不会被老虎咬伤，他说：这有什么奇怪，只要使它知道你对它好，没有伤害它的意思，它自然而然会服从你，也不随便伤害你。畜生尚且这样，何况是人！只要你施恩给他，处处为别人的利益着想，别人就会信赖你，接受你的化导。

四、同事：同事是共同担任事务，与朋友属下同甘苦。哪怕自己的力量微小，自有许多人来帮助你、跟从你。还有，为了要教化他，须得跟他学，与他做同样的工作。记得在抗战的时候，有部分青年学生们组织剧团与歌咏队，到乡下去演剧唱歌跳舞，鼓励民众，支持抗战。虽然有了多少成就，可是收效还不够大。他们自己检讨，原因是学生与农民的生活态度相差太远，有一点隔膜，农民们不容易生起共同的意识。所以观音菩萨才以三十二应身来化度众生，为什么人，现什么身，与他一样，便能化度他，就是这个意思。

这四种，实是摄受人、领导人的根本方法；世间人事，也不能违反这种原则。现在以此来弘扬佛法，必得更大的效果。自己虽然修行佛法或教化人，如不能感动别人，不能使更多人信受，我们对这四种方法，一定没有学得到、做得好。假使这四摄法能做到了，一定会发生很大的作用。一个人总有家庭、朋友、与自己有关系的人,应该负起居士的责任,把他们领导起来,归向佛法,使佛法能发扬光大。

(录自《佛法是救世之光》,239—248页,本版158—163页。)

二　佛法的信徒

一　信徒必备的条件

归依三宝

佛法的中道行,不论浅深,必以归戒为根基。归依、受戒,这才成为佛法的信徒——佛弟子,从此投身于佛法,直接间接地开始一种回邪向正、回迷向悟的,革新向上的行程。

释尊开始教化时,即教人归依三宝。归依,有依托救济的意思。如人落在水中,发见救生艇,即投托该船而得到救济。归依三宝,即在生死大海中的有情,信受佛法僧三宝,依止三宝而得到度脱。归依的心情是内在的,但要有形式的归依,所以学者必自誓说:"我从今日,归依佛,归依法,归依僧。"(《杂含》卷一·三〇经)佛是佛法的创觉者,即创立佛教的领导者;法是所行证的常道;僧是如实奉行佛法的大众。如通俗地说,佛即是领袖,法即是主义,僧即是集团。归依于三宝,即立愿参加这觉济人类的宗教运动,或作一般的在家众,或作特殊的出家众,以坚定的信仰来接受、来服从、来拥护,从事佛法的实行与教化。经上说:佛如医师,法如方药,僧伽如看病者——看护。为了解脱世间的老病死病、贪嗔痴病,非归依三宝不可。归依三宝,即确定我们的信仰对象,从世间的一般宗教中,特别专宗佛法,否定一切神教,认为唯有佛法才能解脱自己,才能救拔有情。所以归依文说:"归依佛,永不归依天魔外道"等。归依是纯一的,不能与一般混杂的。回邪向正、回迷向悟的归依,决非无可无不可的,像天佛同化,或三教同源论者所说的那样。

归依三宝,不能离却住持三宝,但从归依的心情说,应把握归依三宝的深义。归依本是一般宗教所共同的,佛法却自有独到处。三宝的根本是法,佛与僧是法的创觉者与奉行者,对于佛弟子是模范,是师友,是佛弟子景仰的对象。修学佛法,即为了要实现这样的正觉解脱。所以归依佛与僧,是希贤希圣的憧憬,与归依上帝、梵天不同,也与归依神的使者不同。因为归依佛与僧,不是想"因信得救",只是想从善知识的教导中,增进自己的福德智慧,使自己依人生正道而向上、向解脱。论到法,法是宇宙人生的真理、道德的规律,是佛弟子的理想界,也是能切实体现的境地,为佛弟子究竟的归宿。初学者归依三宝,虽依赖外在的三宝引导自己,安慰自己,但如到达真——法的体悟,做到了佛与僧那样的正觉,就会明白:法是遍一切而彻内彻外的缘起性,本无内外差别而无所不在的。归依法,即是倾向于自己当下的本来如此。佛与僧,虽说是外在的,实在是自己理想的模范。所以归依佛与僧,也即是倾向于自己理想的客观化。从归依的对象说,法是真理,佛与僧是真理的体现者。但从归依的心情说,只是敬慕于理想的自己,即悲智和谐而实现真理的自在者。所以学者能自觉自证,三宝即从自己身心中实现,自己又成为后学者的归依处了。

受持五戒

归依三宝,不但是参加佛教的仪式,还是趋向佛法的信愿。做一佛弟子,无论在家、出家,如确有归依三宝的信愿,必依佛及僧的开示而依法修行。归依是回邪向正、回迷向悟的趋向,必有合法的行为,表现自己为佛化的新人。所以经归依而为佛弟子的,要受戒、持戒。戒本是德行的总名,如略义说:"诸恶莫作,众善奉行,自净其心,是诸佛教。"止恶、行善、净心,这一切,除了自作而外,还要教他作、赞叹作、随喜作(《杂含》卷三七·一〇五九经)。戒律本不拘于禁恶的条文,不过为了便于学者的受持,佛也特订几种法规。这所以由于所受禁戒的不同——五戒、十戒、二百五十戒等,佛弟子也就分为优婆二众、沙弥二众、式叉摩那尼众、比丘二众——七众。归依与持戒,为佛弟子必不可少的德行。

凡在家弟子,应受持五戒,五戒是不杀生、不偷盗、不邪淫、不妄语、不饮酒。这是最一般的,近于世间的德行,而却是极根本的。这五戒的原则,即为了实现人类的和乐生存。和乐善生的德行,首先应维护人类——推及有情的生存。要尊重个体的生存,所以"不得杀生"。生存,要有衣食住等资生物,这是被称为"外命"的。资生物的被掠夺,被侵占,巧取豪夺,都直接间接地威胁生存,所以"不得偷盗"。人类的生命,由于夫妇的结合而产生。夫妇和乐共处,才能保障种族生存的繁衍。为了保持夫妇的和睦,所以除了合法的夫妇以外,"不得邪淫"。人类共处于部族及国家、世界中,由语文来传达彼此情感,交换意见。为维护家族、国家、世界的和乐共存,所以"不得妄语"。妄语中,如欺诳不实的"诳语",谄媚以及诲盗诲淫的"绮语",挑拨是非的"两舌",刻薄谩骂的"恶口",这总称为妄语而应加禁止,使彼此能互信互谅而得到和谐。酒能荒废事业,戕害身体,更能迷心乱性,引发烦恼,造成杀、盗、淫、妄的罪恶。佛法重智慧,所以酒虽似乎没有严重威胁和乐的生存,也彻底加以禁止。这五者,虽还是家庭本位的,重于外表的行为,没有净化到自心,而实为人生和乐净的根本德行,出世的德行只是依此而进为深刻的,并非与此原则不同。

二　佛徒的不同类型

在家众与出家众

由于根性习尚的差别,佛弟子种种不同,如在家的、出家的。从归信佛法说,在家出家是一样的。从修证佛法说,也没有多大差别。传说:在家弟子能证得阿那含——第三果,出家能证得阿罗汉——第四果。如在家的得四果,那一定要现出家相。在家人不离世务,忙于生计,不容易达到究竟的境界,所以比喻说:"孔雀虽有色严身,不如鸿雁能远飞。"但也不是绝对不能的,不过得了四果,会出家而已,所以北道派主张在家众也有阿罗汉。

那么,在家众与出家众有什么分别呢?一、生活的方式不同:印度宗教,旧有在家与出家的二类,在家的是婆罗门,出家的是沙门。出家的远离家庭财产等世务,乞食为生,专心修行,与在家众不同。释尊最初弘法时,听众每当下觉悟。这或者自愿尽形寿归依三宝,为在家优婆塞、优婆夷。或者自愿出家,佛说"善来比丘",即名出家。纯由信众的志愿,虽没有受戒仪式,即分为二众。所以在家与出家,仅能从生活方式的不同来分别;后来,当然应从受戒差别去分别。二、负担任务的不同:比丘等从佛出家,开始僧团的组合。佛世的在家众,是没有组织的。释尊曾命比丘们分头去教化,将佛法普及到各方(《五分律》卷一六)。考释尊的出家,即为了不忍有情的苦迫;以法摄僧,即为了"正法久住"。出家人没有妻儿家业等纷扰,度着淡泊的生活,在当时确能弘法利生。出家众重法施,在家众重于财施。这虽不一定是一般出家者的本意,但释尊确是将弘法利生的任务托付出家僧。惟有在这生活方式、负担任务的不同上,能分在家众与出家众。如约信解行证说,实难于分别。

声闻与辟支佛

声闻,是听闻佛法声而修行的,为佛弟子的通名,通于在家出家。此外又有辟支佛,即无师自通的"独觉",如摩诃迦叶,即是辟支佛根性。考释尊教化的出家弟子,本有二类:一、人间比丘,二、阿兰若比丘。人间比丘,生活不过分的刻苦,游化人间,过着和乐共住的大众集团生活。阿兰若比丘,如迦叶那样,是绝对厌恶女性的——阿难劝释尊度女众出家,曾受到迦叶的责难;

专修头陀苦行的;好静而独住阿兰若的;甚至不愿为大众说法的(《杂含》卷四一·一一三八经,又一一三九经)。释尊的时代,厌世苦行的风气非常浓,所以从佛出家的弟子,阿兰若比丘也不少,他们以为修行是应该如此的(提婆达多的五法是道,即头陀行的极端者)。如迦叶那样的独觉根性,是典型的头陀行者——"头陀第一";厌世极深,而自尊心又极强。他自信为"若如来(释尊)不成无上正真道者,我则成辟支佛"(《增一含·一入道品》),自以为没有佛的教化也会自觉的,所以传说辟支佛胜于声闻。头陀行是印度一般所风行的,迦叶早就修学这些,他以为这是辟支佛所必行的,如《增一含·一入道品》说:"辟支佛尽行阿练若……行头陀。"但释尊并没有修头陀行,声闻弟子也不一定行头陀行,而且还劝迦叶不要修头陀行(《杂含》卷四一·一一四一经;《增一含》之《莫畏品》、《一入道品》),但迦叶不肯,说:"我今不从如来教。……彼辟支佛尽行阿练若……行头陀。如今不敢舍本所习,更学余行。"(《增一含·一入道品》)释尊也只得方便地安慰他,赞叹头陀功德。总之,释尊教化的声闻弟子已受到时机的限制,不能大畅本怀;而头陀苦行的阿兰若比丘,辟支根性,更与释尊的人间佛教精神上大大的不同。释尊涅槃后,摩诃迦叶头陀系压倒阿难而取得僧团的领导地位,声闻佛法这才加深了苦行、隐遁、独善的倾向,被菩萨行者呵责为小乘。

菩 萨

声闻是释尊教化的当机,但有极少数更能契合释尊正觉真精神的,称为菩萨,如弥勒、善财等。释尊未成佛前,也称为菩萨。菩萨,意译为"觉有情",是勇于正觉的欲求者。菩萨的修行,如本生谈所说,或作王公、宰官,或作商人、农工,或作学者、航海家等,侧重于利益有情的事业,不惜牺牲自己,充满了慈悲智慧的精进,这不是一般声闻弟子所及的。菩萨如出家,即像《弥勒上生经》说:"不修禅定,不断烦恼。"这是急于为众而不是急于为己的;是福慧并重而不是偏于理智的;是重慧而不重定的;是不离世间利济事业而净自心,不是厌世隐遁而求解脱的。佛世的阿难,为了多闻正法,侍奉佛陀,不愿意急证阿罗汉;沓婆得阿罗汉后,为了广集福德而知僧事;富楼那冒险去化导犷悍的边民,都近似菩萨的作风。这类重于为他的根性,在佛法的流行中,逐渐开拓出大乘,显示释尊正觉的真义。

(录自《佛法概论》,193—202页,本版129—135页。)

三　在家众的德行

一　一般的世间行

人天行

出世的德行,是一般德行的胜进,是以一般人的德行为基础而更进一步的。佛法为了普及大众,渐向解脱,所以有依人生正行而向解脱的人天行。佛弟子未能解脱以前,常流转于人间天上;而佛法以外的常人,如有合理的德行,也能生于人天,所以佛法的世间正行,是大体同于世间德行的。释尊为新来的听众说法,总是"如诸佛法先说端正法,闻者欢悦,谓说施、说戒、说生天法"(如《中含·教化病经》)。我们知道,生死是相续的,业力的善恶会决定我们的前途。在没有解脱以前,应怎样使现生及来生能进步安乐,这当然是佛弟子关切的问题。佛法不但为了"究竟乐",也为了"现法乐"与"后法乐"。怎样使现生与未来能生活得更有意义,更为安乐,是"增上生"的人天心行。也即是修学某些德行,能使现实的人生更美满,未来能生于天上人间。释尊的时代,一般人或要求人间的美满,或盼望天宫的富乐自由。依佛法真义说,天上不如人间;但随俗方便,也说生天的修行。印度宗教的人天法,充满了宗教的迷信生活——祭祀、祈祷、咒术等;而佛说的人天法,即纯为自他和乐的德行——施与戒,及净化自心的禅定,主要为慈悲喜舍的四无量心。

布施不如持戒,持戒不如慈悲等定,这是佛为须达多长者所说的(《增一含·等趣四谛品》)。布施是实际利他的善行,但一般常含有不纯正的动机,如"有为求财故施,或愧人故施,或为嫌责故施,或畏惧故施,或欲求他意故施,或畏死故施,或诳人令喜故施,或自以富贵故应施,或诤胜故施,或妒嗔故施,或诳慢自高故施,或为名誉故施,或为咒愿故施,或解除衰求吉故施,或为聚众故施,或轻贱不敬施"(《智论》),这都不是佛陀所赞叹的。即使是善心净心的布施,究竟是身外物的牺牲,不及持戒的功德。持戒是节制自己的烦恼,使自己的行为能合于人间和乐善生的目标。然一般地说,持戒还偏重身语的行为,如慈悲喜舍等定,降伏自心的烦恼,扩充对于一切有情的同情,这种道德心的净化、长养,更是难得的。即使还不能正觉解脱,也能成为解脱的方便。所以释尊常说:布施、持戒,能生人天;要生色界天以上,非修离欲的禅定不可。不过,禅定是倾向于独善的,偏重于内心的,如修慈悲、欣厌等禅定而取著,即会生于天国。从正觉的佛法说,还不如持戒而生于人间的稳当。

正常的经济生活

在家众,首先应顾虑到经济生活的正常,因为有关于自己、家庭的和乐,更有关于社会。释尊曾为少年郁阇迦说:"有四法,俗人在家得现法安现法乐。"(《杂含》卷四·九一经)一、方便具足:是"种种工巧业处以自营生"。如没有知识、技能从事正当的职业,寄生生活是会遭受悲惨结局的。《善生经》也说:"先当习技艺,然后获财业。"正当的职业,如"田种行商贾,牧牛羊兴息,邸舍以求利,造屋舍床卧,六种资生具"(《杂含》卷四八·一二八三经);"种田、商贾,或以王事,或以书疏算画"(《杂含》卷四·九一经)。一切正当的职业,都可以取得生活。如有关淫、杀、酒,以及占卜、厌禁、大称小斗等,都是不正当的,特别是像陀然梵志那样的,"依傍于王,欺诳梵志、居士,依傍梵志、居士,欺诳于王"(《中含·梵志陀然经》)。他为了女人,而假借政府的力量来欺压民众,利用民众的力量来欺压政府,从中贪污、敲诈、剥削、非法取财,这是不能以家庭负担或祭祀、慈善等理由而减轻罪恶的。二、守护具足:即财物的妥善保存,不致损失。三、善知识具足:即结交善友,不可与欺诳、凶险、放逸的恶人来往,因为这是财物消耗的原因之一。《善生经》说:财产的损耗有六种原因,即酗酒、赌博、放荡——非时行、伎乐、恶友与懈怠。四、正命具足:即经济的量入为出,避免滥费与悭吝。滥费,无论用于哪一方面,都是没有好结果的。悭吝,被讥为饿死狗,不知自己受用,不知供给家属,不知供施作福,一味悭吝得卢至长者那样,不但无益于后世,现生家庭与社会中也不会安乐。释尊提示的正常经济生活,在当时的社会环境中,可说是非常适当的办法。

合理的社会生活

人在社会中，与人有相互的关系。要和乐生存于社会，社会能合理地维持秩序，应照着彼此的关系，各尽应尽的义务。佛曾为善生长者子说六方礼，略近儒家的五伦说。善生长者子遵循遗传的宗教，礼拜天地四方，佛因教他伦理的六方礼。六方礼，即以自己为中心，东方为父母，南方为师长，西方为妻，北方为友，下方为仆役，上方为宗教师。这六方与自己，为父子、师弟、夫妻、亲友、主仆、信徒与宗教师的关系。彼此间有相互应尽的义务，不是片面的，如《长阿含》、《中阿含》的《善生经》详说。六方中的夫妇，应彼此互相的保持贞操。没有君臣、兄弟，可摄于亲友中。亲友，原文含有上下的意味，近于长官与部属的关系。对于自己的友属，应以四摄事来统摄。"布施"，以财物或知识提高友属的物质与精神生活。"爱语"，以和悦的语言来共同谈论。"利行"，即顾到友属的福利事业。"同事"，即共同担任事务，与友属一体同甘苦。这四摄是社团，尤其是领导者必备的条件，所以说："以此摄世间，犹车因工（御工）运。……以有四摄事，随顺之法故，是故有大士，德被于世间。"（《杂含》卷二六·六六九经）菩萨以四摄来化导有情，负起人类导者的责任，也只是这一德行的扩展。主人对于仆役，除了给以适宜的工作而外，应给以衣食医药，还要随时以"盛馔"款待他，给以按时的休假。这在古代社会，是够宽和体贴的了！六方中，特别揭示师弟、宗教师与信徒的关系，看出释尊对于文化学术的重视。

德化的政治生活

释尊舍王子的权位而出家,对当时的政治情势、互相侵伐的争霸战,是不满意的。他常说"战胜增怨敌,败苦卧不安,胜败二俱舍,卧觉寂静乐"。释尊为国际的非战主义者,对于当时的政治,对于当时的君主,少有论及,更不劝民众去向国王誓忠。关于国族的兴衰,佛曾为雨势大臣说七法(《长含·游行经》)。古代政治,每因国王的贤明与否,影响国计民生的治乱苦乐,所以佛曾谈到国王有十德:一、廉恕宽容,二、接受群臣的诤谏,三、好惠施而与民同乐,四、如法取财,五、不贪他人的妻女,六、不饮酒,七、不戏笑歌舞,八、依法而没有偏私,九、不与群臣争,十、身体健康。如《增一含·结业品》所说,这是重在陶养私德,为公德的根本。《中本起经》说:"夫为世间将(导),顺正不阿枉,矜导示礼仪,如是为法王。多愍善恕正,仁爱利养人,既利以平均,如是众附亲。"这是极有价值的教说!国王临政的要道,主要是公正,以身作则,为民众的利益着想;特别是"利以平均",使民众经济不致贫富悬殊,这自然能得民众的拥护,达到政治的安定繁荣。

佛经传说轮王的正法治世,一般解说为佛教理想的政治,其实是古代印度的现实政治,留传于民间传说中。传说阿私陀仙说:释尊如不出家,要作轮王。依佛经所记,从众许平等王以来,古代有过不少的轮王。上面说过,轮王的统一四洲,本为印欧人扩展统治的遗痕。佛化的轮王政治,略与中国传说的仁政、王政(徐偃、宋襄也还有此思想)相近。正法治世,是"不以刀杖,以法治化,令得安稳"的。对于臣伏的小国来贡献金银,轮王即说:"止!止!诸贤!汝等则为供养我已。但当以正法治,勿使偏枉,无令国内有非法行。"(《长含·转轮圣王修行经》)正法即五戒、十善的德化。轮王的统一,不是为了财货、领土,是为了推行德化的政治,使人类甚至鸟兽等得到和乐的善生。

二 特胜的信众行

五法具足

优婆塞与优婆夷,以在家的身份来修学佛法。关于家庭、社会的生活,虽大体如上面所说,但另有独特的行持,这才能超过一般的人间正行而向于解脱。修行的项目,主要为五种具足(《杂含》卷三三·九二七经等)。一、信具足:于如来生正信,因佛为法本,佛为僧伽上首,对如来应有坚定正确的信仰。信心是"深忍乐欲,心净为性",即深刻信解而又愿求实现的净心——这等于八正道的正见、正志。二、戒具足:即是五戒。五戒不仅是止恶的,更是行善的,如不杀生又能爱护生命。在家信徒于五戒以外,有加持一日一夜的八关斋戒的:于五戒外,"离高广大床";"离花鬘、璎珞、涂香、脂粉、歌舞、娼妓及往观听";"离非时食";淫戒也离夫妇间的正淫。有的彻底离绝男女的淫欲,称为"净行优婆塞"。这八关斋戒与净行,是在家信众而效法少分的出家行,过着比较严肃的生活,以克制自心的情欲。三、施具足:

如说："心离悭垢，住于非家，修解脱施、勤施、常施、乐舍财物、平等布施。""心住非家"，即不作家庭私产想，在家信众必须心住非家，才能成出离心而向解脱。供施父母、师长、三宝，出于尊敬心；布施孤苦贫病，出于悲悯心。也有施舍而谋公共福利的，如说："种植园果故，林树荫清凉，桥船以济渡，造作福德舍，穿井供渴乏，客舍给行旅，如此之功德，日夜常增长。"(《杂含》卷三六·九九七经）上二种，等于八正道的正语到正精进。四、闻具足：施与戒，重于培植福德。要得佛法的正知见，进求正觉的解脱，非闻法不可。这包括"往诣塔寺"、"专心听法"、"闻则能持"、"观察甚深微妙义"等。五、慧具足：即"法随法行"而体悟真谛——这等于八正道的从精进到正定。佛为郁阇迦说四种具足，将闻并入慧中，因为闻即是闻慧。这样，才算是"满足一切种优婆塞事"。以信心为根本，以施、戒为立身社会的事行，以闻、慧为趋向解脱的理证。名符其实的优婆塞、优婆夷，真不容易！但这在佛法中，还是重于自利的。如能自己这样行，又教人这样行，"能自安慰，亦安慰他人"，这才是"于诸众中，威德显曜"的"世间难得"者(《杂含》卷三三·九二九经）！五法而外，如修习禅定，在家众多加修四无量心。

六 念

在家的信众，于五法而外，对心情怯弱的，每修三念：念佛、念法、念僧。或修四念，即念三宝与戒。或再加念施；或更加念天，共为六念，这都见于《杂阿含经》。这主要是为在家信众说的，如摩诃男长者听说佛与僧众要到别处去，心中非常难过

(《杂含》卷三三·九三二、九三三经);还有难提长者(《杂含》卷三〇·八五七、八五八经),梨师达多弟兄(《杂含》卷三〇·八五九、八六〇经)也如此。诃梨聚落主身遭重病(《杂含》卷二〇·五五四经);须达多长者(《杂含》卷三七·一〇三〇经等),八城长者(《杂含》卷二〇·五五五经),达摩提离长者(《杂含》卷三七·一〇三三经)也身患病苦。贾客们有旅行旷野的恐怖(《杂含》卷三五·九八〇经);比丘们有空闲独宿的恐怖(《杂含》卷三五·九八一经)。这因为信众的理智薄弱,不能以智制情,为生死别离、荒凉凄寂的阴影所恼乱,所以教他们念——观想三宝的功德,念自己持戒与布施的功德,念必会生天而得到安慰。这在佛法的流行中,特别是"念佛",有着非常的发展。传说佛为韦提希夫人说生西方极乐世界,也还是为了韦提希遭到了悲惨的境遇。所以龙树《十住毗婆沙论》说:这是为心情怯弱者所作的方便说。这种依赖想念而自慰,本为一般宗教所共同的;神教者都依赖超自然的大力者,从信仰、祈祷中得到寄托与安慰。念佛等的原理,与神教的他力——其实还是自力,并没有什么差别。经中也举神教他力说来说明,如说:"天帝释告诸天众,汝等与阿须轮共斗战之时生恐怖者,当念我幢,名摧伏幢,念彼幢时恐怖得除。……如是诸商人!汝等于旷野中有恐怖者,当念如来事、法事、僧事。"(《杂含》卷三五·九八〇经,又参《增一含·高幢品》)。他力的寄托安慰,对于怯弱有情,确有相对作用的。但这是一般神教所共有的,如以此为能得解脱,能成正觉,怕不是释尊的本意吧!

在家信众的模范人物

现在举几位佛世的在家弟子,略见古代佛教信众处身社会的一斑。一、须达多是一位大富长者,财产、商业、贷款,遍于恒河两岸。自信佛以后,黄金布地以筑祇园而外,"家有钱财,悉与佛弟子——比丘、比丘尼、优婆塞、优婆夷共"(《杂含》卷三七·一○三一经)。对于自己的家产,能离去自我自私的妄执,看为佛教徒共有的财物,这是值得称叹的。波斯匿王大臣梨师达多弟兄也如此:"家中所有财物,常与世尊及诸比丘、比丘尼、优婆塞、优婆夷等共受用,不计我所。"(《杂含》卷三○·八六○经)须达多受了佛的指示,所以说:"自今已后,门不安守,亦不拒逆比丘、比丘尼、优婆塞、优婆夷,及诸行路乏粮食者。"从此,彼"于四城门中广作惠施,复于大市布施贫乏,复于家内布施无量"(《增一含·护心品》),这难怪须达多要被人称为"给孤独长者"了。二、难提波罗,是一位贫苦的工人。他为了要养活盲目的老父母,所以不出家,却过着类似出家的生活。他不与寡妇、童女交往,不使用奴婢,不畜象马牛羊,不经营田业商店;他受五戒、八戒,而且不持不蓄金银宝物;他专门作陶器来生活,奉养父母。农业是多少要伤害生命的;商业的"以小利侵欺于人",也不免从中剥削;畜牧是间接的杀害。佛法中没有奴婢,所以他采取工业生活(《中含·频婆陵耆经》)。工业,在自作自活的生活中,更适宜佛法的修学。三、摩诃男,是佛的同族弟兄。净饭王死后,由他摄理迦毗罗国的国政。他诚信佛法,佛赞他"心恒悲念一切之类"(《增一含·清信士品》)。在流离王来攻伐释种,大肆屠杀时,摩诃男不忍同族的被残杀,便去见流离王说:"我今没在水底,随我迟疾,使诸释种并得逃走。若我出水,随意杀之。"哪知他投水自杀时,自己以发系在树根上,使身体不致浮起来。这大大地感动了毗流离,才停止了残酷的屠杀(《增一含·等见品》)。佛弟子的损己利人,是怎样的悲壮呀!

(录自《佛法概论》,203—216页,本版136—145页。)

四　建设在家佛教的方针

　　复兴中国佛教,说起来千头万绪,然我们始终以为:应该着重于青年的佛教,知识界的佛教,在家的佛教。今后的中国佛教,如果老是局限于——衰老的,知识水准不足的,出家的(不是说这些人不要学佛,是说不能重在这些人),那么佛教的光明前途,将永远不会到来。在这三点中,在家的佛教更为重要。

　　这是一个事实——过去的中国佛教,始终在出家的僧众手中。宋、明以来——佛教衰落以来,佛教更局促地被保守于山门之内。不但一般不信佛法的,误会佛教为出家人的佛教,学佛等于出家。甚至有些护法长者,也每以为"护你们(僧众)的法",不知佛教是自己的佛教,护法是护持自己所信仰的佛法。出家的僧众,尤其是女众们,劝人学佛,每等于劝人出家,这所以造成社会人士的普遍错觉。时常听见人说:大家学佛——当和尚,做尼姑,不是家庭国家都没有了吗？这当然是大大的误会,然而误会的责任,决不在一般人,而在从来主持佛教的僧众。佛教越是衰落,越与社会脱节,误会也就越深。所以"学佛并非出家,学佛不必出家",这是目前应该普遍宣传的重要论题。希望出家同人,切不可随便劝人出家！不要以佛法当人情,摄受无信仰的出家！不要把寺院看作衰老病废的救济所！应该发展在家的佛教（提高出家众的品质），这才能免除社会的误会，使佛教进入正常而光明的前途。

什么是我们所要着重的在家的佛教？这包含两个重要内容：一、佛化的家庭；二、由在家佛弟子来主持弘扬。

佛教，本不限于出家的。声闻佛教，有广大的在家信众，称为"优婆塞"、"优婆夷"。大乘佛教，在家菩萨比起出家菩萨来，无疑的占有更重要的一席。佛教不但是出家人的，信仰、修学、证得，无论从哪一点去看，出家与在家，可说是完全平等。所以在家佛教的发展，决非是佛教的衰落。我们要促成在家佛教的发达，当然应向一般民间去着力，非增加在家的信众不可。而最有效的、最坚强的在家佛教，要从佛化家庭——由正信的在家弟子，从自己的家庭中去推动，再逐渐扩大组织起来。

一个在家的正信弟子，如果对佛法有正知见，有真信仰，那必然会流露"法味同尝"的慈心，使自己的家庭成为佛化的家庭，家庭的每一分子，能信受佛教，领受佛法的利益。关于这一点，一般在家佛教信徒，显然的非常不够。有的自己信佛，却从来不曾想到要他的家属信佛；父母、儿女、兄弟、夫妇，或者信仰异教，也以为信教自由，不妨各行其是。信教自由，当然应尊重他们而不可狂妄地干涉。然而，难道你得到究竟的真正的佛法，就心安理得，愿意你的亲爱眷属，永远漂流于佛教以外，沉溺于邪见之中，或者仅能得人天的福利，而没有解脱自由的希望吗？不可干涉他人的信教自由，难道就不应该善巧而温和地劝化吗？自己信佛而不想引导眷属来信佛，这是缺乏同情，辜负佛恩！连自己的家属，都不想引导他们来信佛，还说什么普度众生呢！自己有没有化导家属信佛的能力，是另一问题，而化导家属来信佛的决心，每一真诚的佛弟子，必须贯彻始终，而进行温和的、长期的说服。

　　假使一位在家弟子，皈依三宝以后，暴躁的变为温柔，懦弱的变为强毅，疏懒的变为勤劳，奢侈的变为俭朴，欺诳的变为信实，怪僻的变为和易；在家庭中，对自己的父母、儿女、兄弟、夫妇，更体贴，更亲爱，更能尽着在家庭中应尽的责任。这样，家庭因此而更和谐，更有伦常的幸福，大家会从他的身心净化中，直觉到佛法的好处，而自然地同情，向信佛者看齐，同到三宝的光明中来。这是佛化家庭的最有效的法门，是每一在家佛弟子所应遵循的方针。最要不得的，是不知道从自己的净化身心去努力，去表现佛弟子的精神，却急急地要求在家庭中设立佛堂，早晚做着冗长的课诵；或者去寺院的时间过多，无形中忽略了对家庭的应尽责任；或过分施舍而影响家庭经济的健全。这使得过着共同生活的家属，感到他的消极气息，或者觉得很浪费，这不但不能引起家属的同情，引导家属来信佛，反而引起恶感，弄得家庭不和。即使由于身为家长，做儿女的不敢说，不好意思说，而这种不良印象，种下了儿女他年反佛的因缘了！有些丈夫为了减少家庭的苦痛，多少将就他的太太，然而内心也永是隔碍着。为了爱护自己的佛教，为了引导家属得到佛法的利乐，正信的在家信众，应时刻检讨自己！使自己成为对佛教的报恩者，而不是负债者！

　　时常见到，有些信佛的父母，不能本着佛陀的教诲（也许是根本不知道），去造成优良和乐的家庭；教导儿女，使儿女在德性、知识、技能等方面，成为佛化的良好公民。但知命令儿女去拜佛、烧香，命令儿女在早晚做着冗长的课诵，或者要他们蔬食。不理解青年儿女的心情，不培养儿女对于三宝的景仰同情，而只是按着牛头吃草，以为这就是引他们信佛，使他们蒙受三宝的恩光了。儿女未成年，还会莫名其妙地跟着学；一成年，就一切都变了！佛法是真正的信教自由者，信仰是需要自发的。所以父母对于儿女，应有适当的引导，而不是命令、强迫，使儿女从父母的慈爱中，接触到三宝的光明，引发对于三宝的同情。这才能在进入成年的时代，成为一良好的正信弟子。

我们要发展在家的佛教，不能忽略佛教在家庭中进行的正常方法！还有需要注意的，带有隐遁的、独善的小乘佛教，对佛化家庭是并不妥当的。在家佛教，不能不是人乘的佛教，从人乘而直接菩萨乘的佛教。

在家佛弟子，能弘扬佛法、主持佛教吗？这当然是可能的。从教典去考察：《阿含经》的质多长者，大乘经的维摩诘居士、胜鬘夫人，不都是弘扬佛法的龙象吗？我国古代的大德，在印度所亲见的，如法显与智猛所见的华氏城的罗沃私婆迷（或作罗阅示），玄奘所见的杖林山的胜军论师，磔迦国的长寿婆罗门，不都是传授大乘的法将吗？以近代的事实来说，如我国的杨仁山、欧阳渐；锡兰的达磨波罗长者。尤其是达磨波罗，他的摩诃菩提会，成为复兴锡兰佛教的支柱。在家的佛弟子，论理是可以负起弘扬佛法的重任的。然这决非说在家的就行，问题在在家的佛弟子，对佛法的信念、愿力、见解、实行，是否能具备主持佛教的条件。

　　释尊在适应当时的情形而建立的佛教,住持的责任,是属于出家众。然在佛教发展中,大乘佛教已倾向于在家中心了。佛灭千年以后,各处的佛教,变化都很大。如西藏的红教喇嘛,是娶妻生子的。著名的元代帝师发思巴,就是这样的人物。在日本,亲鸾建立的真宗,主持佛教者也是在家化的。明治维新以后,日本的各宗,可说是一律向真宗看齐。在一般的观念上,虽然把红教喇嘛、日本和尚,看作出家的僧侣,其实是什么也不合出家的定义。称之为出家,简直是大讽刺！恰当的名词,应该是"主持佛教的在家众"。

　　建设由在家众所主持的佛教,有两点是必要的。一、组织的,二、入世的。释尊把住持佛教的责任,付托僧团,当时虽是出家的,却有着集体的生活,团体的纪律。唯有和合而健全的僧团（等于异教的教会）,佛教才能因大众的协力,而迅速地发展起来。近代的中国佛教,由于出家众的缺乏组织,只能以个人中心而进行无组织的教化。缺乏组织,是不易存在于今后的世界。如在家众而还是如此,那是决不因为在家而有办法的。希望在家的佛弟子——热心爱护佛法的,要从同见、同行的组织去着手。在过去,如佛教正信会、佛教居士林等,虽说不理想,但确乎有过在家佛教的组织雏型。在家的佛教组合,必须由发心正确、动机纯洁的信众来组织,又从组织中加强信解,成为和乐的内修外化的教团。组织的核心分子,应该特别审慎！如不以佛法为重,而只是为了他有地位,有经济,或有点恶势力,东拉西扯,混沌一团。少数信解佛法的正信弟子,不问事,也不容许问。而主持教务的，却是一些特殊人物，无信无解，把持教团，那么在家的佛教集团，也还是毫无希望。建设在家的佛教，必须着重组织（不是要政治），而要有以正信、正见、正行为核心的健全组织。

在家众，无论是声闻法、菩萨法，都有着正当的职业，遍及各个阶层。特别是大乘教的领导人物，如《入法界品》所见的大善知识，维摩诘居士所表现的不同身份，都是社会的中坚分子；以不同的业务，向同一的佛法而前进。所以在家的佛教，在共同的佛教组织中，应各从自己的岗位上去努力。自己所知所行的业务，即是修学菩萨道的道场。与自己有关的种种人，即是自己所摄受教化的大众。这才能净化世间，才能利乐人群！专心于宣教的说法师，处理教务的职员，那仅是少数人，如政党而有宣传人员与党务工作人员一样。发扬佛教与主持佛教，并不单是这少数人的事情，但这少数人，却是极重要的，应以佛法的信愿解行为标准，而从大众中推选出来。如建立在家佛教，不能把握这主要的意义，而只是强调厌离，卖弄神秘；工作方面，不着重入世的实际利行，而还只是敲敲打打，唱唱念念，坐坐说说，收弟子，争供养，那就大可不必多此一举了！在家中心的佛教，应该是依人乘而趋向菩萨；应将佛教的思想，推行到一切去。日本佛教徒的参与教育工作，锡兰摩诃菩提会兴办学校与医院，这多少可以作为在家佛教的榜样！

建设在家佛教，一方面从各人自身做起，做到佛化家庭。一方面在同见、同行、同愿的基础上，相互联系而组成在家的佛教团，来推行宣化、修持、慈济等工作。向这样的目标去努力，中国佛教是会大放光明的！

说到这里,有两点应解说在先,免生误会。第一,一般出家的僧众,听到由在家的佛教教团来主持教化等工作,可能非常反对。"白衣说法,比丘下坐",这不是末法的象征吗?在家众而主持教化事业,出家众又做些什么?如成为在家佛教,那不是三宝缺一吗?这应该分别解说。白衣说法,不妨说是末法的现象。然并非由于白衣说法而成为末法,反之,正由于出家佛教的衰落,而有白衣说法的现象。如出家众的德学集团,具足教证功德,白衣弟子哪里还想狮子窟里作野干鸣呢!由于出家众德学的衰落,真诚的在家弟子要起来赞助弘扬;半知不解的,也敢来一显身手。半知不解的颠倒说法,当然要加以纠正;而正信正见的大心居士,出家众不应反对他。要反对,应该先来一次自我反省。自己不能负责,而拒绝别人来,这是非佛法的。说到在家众主持教化事业,并不说一切由在家众垄断,出家众不照样可以弘法吗?天主教的神父与修女,是出家的,能主持教会而宣扬他们的福音;耶稣教的牧师们,是在家的,也一样的能主持教会。他们不是共存而并进吗?所以出家众不必耽心!如在家佛教发展,而出家佛教衰落到无法存在,这不是别的,问题在出家众本身的没落,自身不能适应时代而发扬佛教。如出家众自身健全,深入佛法而适应众生,那一定会与在家佛教携手并进,而且在佛教中,始终会居于领导地位的。这样,当然不是没有僧宝了。而且,在家众的教团,即是优婆菩萨僧。这不是伟大的个人,是在家众的集体组合,有着同信、同见、同愿、同行,有着民主自由的佛教集团。

第二,说到在家佛教,佛化家庭,或者会联想到日本式的佛教。有些人是以日本佛教为蓝本,而幻想着在家佛教的发扬。但契合于佛意、适合于中国的在家佛教,决不如此。老实说,现代的日本佛教,是从出家佛教而演变到在家佛教,在演变的过程中,背弃佛法而屈从世俗。日本式的佛教,不是佛教化的家庭,是家庭化的佛教。不是在家佛教,而是变了质的出家佛教。佛化家庭,是由在家信众促成全家的学佛,是一般的;而日本的寺院家庭化,却是少数的。佛教僧团的特征,是见和同解、利和同均、戒和同行。中国的古旧丛林,还多少有此美德。寺院子孙化,所以不是我们所赞同的。而日本的寺院,除少数本山外,都是父子继承的家庭。虽说有本寺与末寺的统摄,有对本宗本山的应尽义务,而实各寺庙的主持人,大都是为自己的家庭,为自己的生活而努力。而且,佛教是真正的信仰自由者,但由于家庭的承袭,而"寺子"成为当然的佛教主持人,这与印度的婆罗门教祭师、中国的火居道士,有什么差别呢!这样的佛教家庭化、父子承袭制度,是适应于家天下的政治形态,适应于家业私有制、承继制的社会。适应过去的时代,日本佛教有过辉煌的业绩。但如不能改进,永久停滞于私有的家庭化的阶段,时代会证明它前途的困难。当然,日本有日本的国情,有日本的传统,他们会关心自己的佛教,不一定要我们来担心。而在中国,尤其是遭受重大摧残而进行重建的中国,我们是应该加以深切考虑,不容许盲目地崇拜。

为什么说它是变质的出家佛教呢?因为,他们本是出家众,而放弃了出家的生活,回复了男女互相占有,经济的家庭私有。然而并不曾回到在家本位,放弃不了属于教团的寺院财产,放弃不了香火、经忏，放弃不了出家的标帜——袈裟。所以这是变了质的出家佛教，不是纯正的在家佛教。称为佛教教团，不论出家在家，教团的道场、经像、法物、财产，都应归于佛教的公有，主持者应从发心正信行愿精进中被推选出来。在家的主持教务者、宣教者，应由教团解决其家庭的生计；而家庭的经济，必须与教团经济分开。

中国佛教的前途，我们热烈地寄望于在家佛教的发展！但希望它是民主而公有的教团，不是少数人的私物！

（录自《教制教典与教学》，81—94页，本版47—55页。）

五　论三世因果的特胜

这个时代,大家都明白:人类正受到毁灭的威胁,到处是恐怖与迫害。人类的自由呼吸,几乎要被窒塞了!人间恶化到如此,到底为了什么?依佛法说,这主要是人类丧失了人生的意义,否定了自己的价值;大家都在空虚的、幻灭的心情中生活。这才不是腐化,便是恶化;不是沉醉在金粉的爱欲里,便是疯狂在虐杀的仇恨里。物欲的贪爱,人情的嫉恨,把我们这个世界带向阴森森的死亡边缘。

我说"人类丧失了人生的意义,否定了自己的价值",这话是什么意思?这点,我想做一番简单的解说。人类对于自己,有三种不同的看法,这就是一世论、二世论、三世论。现在,唯物主义的一世论,普遍地侵袭人心。人类大都着眼于物质界,以物质世界为唯一的真实。他们觉得:人生不过是这么一回事。生,不过是父母和合而生,纯为生理发育与交合的结果。死,只是生理组织的瓦解,从此等于没有。人生在这个宇宙里,不过如此;但认现在,否认生前,抹煞死后。一死就完结的人生观,再也无从安身立命,陷入了极端空虚,无限的怅惘。人生碌碌,到底所为何事?为自己,自己不过如此;死了完了,有何意义?为家庭,为国家,为世界,到底与自己有何关系?这样,唯有专为现在着想,一切为自己利益着想。越有知识,越是欺诈,越是好话说尽,坏事做尽。年长一辈的,走向颓丧、功利的私欲。想像丰富而生命力旺盛的年轻一辈,受着诱惑而走向疯狂,走向重全体而轻个人,求目的而不择手段,苛刻残酷的世界。死了完了,抹煞个人的真意义,那是一世论的、唯物主义者的人生观。当前的世界,正是传染着这种毒疫,弄得全世界都在疯狂化。有些自以为是反唯物论的,而不知自己的人生观与唯物论者一模一样,都是死了完了的一世论。

　　说到二世论,那是多神教、一神教的一般看法。他们认为:死了以后,还有未来。照中国旧有的思想说,人死为鬼。有德有功的,升入神界。如作恶多端,或者子孙绝嗣,那就成为"游魂"了。但从宋、明以来,非宗教的精神昂扬,知识界已十九变成庸俗的一世论。这种二世论,无论是不是迷信,在过去甚至现在,着实坚定了鼓舞了人类的内心,使人类充满远景的光明,忍受当前的困难,而终于克服它。对于人格的、道德的进展,更有过非常的贡献!不过,神教的二世论,现在是一天天地没落了!因为,二世论者大抵相信有一独立的个灵,从生前到死后,像从甲室而进入乙室那样。这种离开肉体的离开身心的个灵或自我,是不能为近代思想所接受的。如西方的一神教,只说从现在到未来——落地狱或生天国,而现有生命的来源,始终不能有完满的说明。如说这是神的创造,依着神的意旨而来人间,这显然与神的慈爱完全矛盾。因为千千万万的人类,时刻不断地在出生,而真能上天国的,究有多少?神如果是全知的,对于这种大量的走向地狱,不应该不知道! 假使说,神给人以自由意志,神欢喜人类,依自由意志来服从神。然而人类充满了愚痴,真是小孩一样。使无知的小孩们,处在非常危险中,而欢喜能有一个两个冲出险境,这是怎样的残酷! 神是欢喜这样的吗? 驱使千千万万的青年,使他们以人海来对付火海。透过火海而回来的,被奖励而夸耀为英雄,这也是慈爱吗? 如果有神,神明知千千万万人的落入苦境,而依旧不断地创造出来;如不是神的痴狂,便是残酷! 神教徒的二世论,越来越不能为人类所信仰,内心陷于空虚,精神没有寄托,这才落入唯物主义一世论的境界。这便是近百年来世界文明没落的重要因素!

三世论者,是印度宗教的特色,而佛教最为究竟。人类与一切众生,是无限生命的延续;不是神造的,也不是突然而有的,也不是一死完事的。这如流水一样,激起层层波浪;生与死,只是某一阶段、某一活动的现起与消散。依据这种三世论的信念,便摆脱了神权的赏罚,而成为自作自受的人生观,肯定了人生的真意义。我们在前生,思想与行为如向于自利利人的、善良而非邪恶的,今生才能感到福乐的善果。这样,如今生而不再勉力向善,一死便会陷入黑暗的悲惨境遇。有了这三世因果的信念,想起从前,能够安命,决不怨天尤人;为了未来,能够奋发向上,决不懒惰放逸。安命而又能创命的人生观,是三世因果论的唯一优点。还有,从无限延续去看,受苦与受乐都是行善与作恶的结果。善行与恶行的因力是有限的,所以受苦与受乐并不永久如此,而只是生命历程中的一个阶段。任何悲惨的境遇,就是地狱,也不要失望,因为恶业力尽,地狱众生是要脱苦的。反之,任何福乐的境遇,哪怕是天国那样,也不能自满。因为善业力消尽,还有堕落的一天。所以真正的三世论者,在一切境遇中,是充满了希望,而又不断地向上精进着。从自作自受而看到共作共受,每一家庭,每一国家,在历史的延续中,也从来就符合这因果升沉的规律。

二世论的缺点,在三世论中完全消除了。所以,唯有大家来接受三世论的因果信念,成为坚定的、共同的信念,才能从庸俗的一世论的祸害中解脱出来!

(录自《佛法是救世之光》,221—226页,本版147—150页。)

六　生死大事

——在马尼拉居士林讲

一个人寿命无常,从出生以后,慢慢长大,经过几十年,一百年,或者更长的时间,总得一死。普通人以为死就完了,那并不是一件什么大事。但佛法说,一个人的生命,不是出生以后才有,也不是死了就算完结,如果只是这么简单,人生就可糊里糊涂地混过,不成为什么大事。其实生命在未出生以前就已经有了,死了之后又会引起新的生命,生到别地方去,生死死生,生生不已,是件难得解决的问题。要想解决这不易解决的问题,所以才成为大事。好比做生意的人,今年年初开始营业,到了年终,计算盈亏,欠人人欠,要还清楚;明年又是一样,年年如此并不是一结账就完结。一年年下去,要求得永久的盈余,这就不是容易事了。

怎样处理这个问题呢?今年生意好,赚了很多钱,明年经济有把握,万事如意;今年亏本了,来年经济拮据,东移西借,困苦不堪。人生也是这样,一生一死,在生死当中,就要考虑得失。如果这一生没有好好地做,下一次失了人身,就算是亏本。如能进步而胜过现在,那就好了。有一点值得注意的是,虽然年终结算,经济状况不佳,但如调度得宜,也可勉强过去。所以学佛人,临终极要紧,平常固然要向上行善,临终的时候也得好好注意。

平常都说生死,有的误以为一死百了,所以现在就先从死说起,从死说到生。普通人对死都有一种惧怕的心理,其实死并没有什么可怕,例如平常生意做得好,年关又调度得宜,新年到来,一定有好日子过。所以没有病的时候,固然欢喜,真的有病痛要死,也并不必怕,只要平时预备好就得了!

佛法说,死有三种不同:一、寿尽而死:寿命真的完了,无论活到好大的岁数,从前生业报所感的寿命,一定会死的。如灯尽油干,现在每人可活到一百岁左右,到这个时期就得死,无法挽救。二、福尽而死:日常生活需要衣食住行,有的还没有到老的年龄,不应该死,但是福报完了,没饭吃,没衣穿,就饿死冻死。三、不应该死而死:遇到战争、水灾、火灾、失手打死,病无医药,不知调养,营养不足,操劳过度等而断送了生命,这与寿尽福报尽是不同的。

学佛的人对于死,要记着两个道理:一、什么时候都可以死,从少到老都有死的可能。人类的寿命虽大致相近,然由于福尽或枉死,所以从初生就死起,一直到寿尽而死的,都是无定期。所以信佛学佛,要立刻前进,切勿等待他年明年。二、不要以为寿命全是前生业报,实在多数是现生的恶果。不应做的去做,不好好自己保养,或者懒惰放逸,弄得衣食不足,少年、青年、壮年的死亡,勿以为这一定是属于寿尽而死的。

没有了脱生死以前,死了还有生,轮回生死,究竟是怎么一回事,上升、堕落,以什么做标准?佛法说,由于业力。业力,就是所作所为所引起的力量。今生的受报人间,是前生的业力,前生(没有得报的)与今生的善恶业,又决定来生的前途。佛教徒每指业力为坏的,其实不然,起心行事所留下的力量,好坏都是业。依自己的业力,来决定自己的果报,所以佛法说"自作自受"。但是,前生剩下的,今生造作的,或善或恶,业力无边,来生到底是由哪一种业力去促成呢?这有三类分别:一、随重——无论怎样,一到病重将死时业力就现起来,平时所做好事坏事都很多,当这个时候,有一项强大的——不管是好或坏会现起来,人就依这个力量去得报。一个弑父的人,心里常常记在心中,忘记不了,即使忘记,也还是强有力的存在。临死的时候,这些罪行就会现前。同样,一个非常孝顺父母的临命终时,孝顺的善业也自然会呈现眼前。这与负债的人到了年终,债主都来,其中一个强而有力的,追讨旧债特别厉害,不得不先还他一样。二、随习——有的人,没有顶好与顶坏的业,但平生的做事,习以为常,也可产生伟大的力量,虽小恶终可得恶报,小善也可得善报。所以说:"水滴虽微,渐盈大器。"佛举例说:犹如大树,生长时略向东斜,如以斧头砍断,势必向东倒无疑。中国人常说冤鬼要命,宰猪羊的见猪羊,杀蛇的看到蛇,都叫苦连天,惊慌失措。猪羊畜牲等被杀后,它们早是依业而受报了,但动手屠杀的,都无形中不断地留下杀业,愈积愈重。所以业相现前(见牛蛇猪羊等索命),随业去受报。有一故事是这样说:一个人要谋财害命,夜里把有钱的人杀害,拿了钱回家。他感觉到被害的人时常跟在背后要钱要命,恐惧而死。不久,被害的人来了,其实他只受伤,并没有死。所以说这是冤鬼索命便不可通,因为此人并没有死。佛法称为业相现前,才合乎事理。为恶的临终现苦恼相,为善做功德的,临终时必定会安闲愉快,这都是由于所作业力,随重或随习而显现出来。三、随忆:也有人平生没有重大的善恶事情,也没有积习的事情,最后忽然想到什么,就以此善念或恶念而受报。佛法平常指示对待病重的人,必须叫他念佛、念法、念僧,称赞他平时布施持戒功德等,使其忆起了功德,心生善念,依这个力量,就会走上好的前途。有人善业很多,可是临终时受了刺激,心中难过,恶念现前,以致堕落。如一年之中,生意不错,可惜年终调度不宜,使整年努力付之东流。所以当人临终,无论年纪老少,均不宜啼啼哭哭,打扰心神,使生起烦恼。应该劝他把一切都撇开,专心念佛、念法、念僧、念施等。如生意不佳,年终处理得法,还可过年一样。不过,到底平时重于临终时,如平时造成重恶,每每要他起一善念而不可得。平时能有重大善业,或习善成性,那么加以命终时的助其忆念,就决定可靠了。

怎么又从死而生呢? 一息不来,精神作用停顿,身体的温度消失叫死。通常说,从母亲胎里出来叫生,在佛法说并不如此。以前生业识为因,配合父精母血的结合(约人类说),从结胎时就开始了新生命,这就是生。所以为了子女众多的牵累而打胎者,也犯了杀生的戒。为什么死后要再生呢? 这可不一定,有的死后再生,有的就不会再生。所以死后再生,是因为业力的驱使。但依善业得善报,恶业得恶报,一个人总有善业与恶业,那就不是永久解决不了生死吗? 真实地说,单是业力,还不一定能使我们再生;除了业力,还要烦恼作助缘。烦恼中最重要的,是生命之"爱"。贪恋世间,希望生存,这一念存在,就种下生死死生的根源。修行佛法的人,要了生死,就是要断除生命之贪爱。例如虽有种子,如不浇水加肥,就不会发出芽来。这样,业种虽多,如无烦恼——爱等水润,也就不会再感来生的苦芽。如只图荣华富贵,爱恋生命,那就死死生生,永无了期。要了生死,须彻底看破,没有生之爱恋,那么旧的生死结束,新生死就不会发生了。

在没有了生死之前,希望大家记住:不要作恶,要多作善业,种善因以得善报。不要把生死看作好事情,才会厌离生死,出离苦海。

(录自《佛法是救世之光》,227—234 页,本版 151—155 页。)

七　放下你的忧苦

——答高世雄居士

（上略）你来信诉说,几年来的"环境不顺","思家心切",弄得"身体日坏";这对于你的前途,确乎笼罩着阴沉的黑影。好在你皈依了三宝,走向三宝的光明中。我相信,在三宝的恩威中,你不久会获得光明与安慰的。

你诉说你的苦痛,希望从佛法中得到光明。光明,无时无处而不在,正等待你的领受,运用你的慧眼吧！看哪！光明就在眼前！你是明白的！这些苦痛,不单是个人的悲哀,是共业所感的时代苦难。中国与世界,追求自由的千千万万人与你一样——一样的颠沛,一样的困难;一样的妻离子散,父母更无消息,一样的有家归不得;一样的沉溺于忧愁苦恼之中,弄得身心失调,这不单是你个人如此。

身体的健康恶化,是果,是从环境不顺、思家心切而引起的。所以不要专为健康而忧虑,应为环境不顺、思家心切所引起的忧恼而忧虑。如老是这样为环境不顺、思家心切而忧恼下去,等于自己伤害自己,你的健康是难以改善的。你应该考虑:环境不顺、眷属离散,是忧思、愁恼、悬念所能改善的吗？当然不能。不但不能,而只是加重身体的病苦。这是无义利的忧思!学佛,应从高处看,大处想,从佛法的信解中,将这"徒自忧苦"的无意义事,彻底放下。

环境不顺,固然是事实。然如不比对过去的顺适,何至如此忧苦?过去的已经过去,过去的光荣与福乐,值不得留恋。"顾恋过去",是众生的烦恼——爱缚,使我们在过去的回忆中,增加了失望与悲哀,低落了克难精进的努力。从业缘而成的当前境遇,应该随遇而安,渐求进步,自求多福。生活的艰苦,可从淡泊中度过。人事的不安,可从勤劳与谦退中改善。佛法有"少欲"、"知足"法门,"随缘而住"法门,可以修学。

经上说:"(财物)积聚皆销散,(名位)崇高必堕落,(眷属友好)合会要当离,有生无不死。"这是有名的"四非常偈",对于你的思家病,正是迷梦中的晨钟。要知道:家业没有不消散的,眷属没有不别离的,只是时间问题。如有福缘,白手也可以创业;否则,家业是无法保守的。财物原是五家(水、火、贼、恶王、恶儿)所共的,如产业被敲诈、压榨、剥夺得精光,切身的痛苦,实在比你还难过得多。至于家属,如因缘已尽,就是厮守家乡,也还是会生离死别的。如因缘未尽,自有重逢的日子。父母妻儿的生活如何,健康如何,生还是死,这是你所朝夕挂念,卧寐不安的。佛说:"爱生则苦生",虽是人之常情,但在这非常的时代,应自爱而为更有利的计划,不能老是徒自忧苦!你想,你这样忧念在心,身体成病,是你父母妻儿所乐意的吗?一旦重逢,不是徒增家属的悲哀,徒增加来日的困难吗?现在要从可能的有益的方面去想去作,节省忧思;忧思是于事无补的,应该老实放下来！这不是无情,而是不为愚痴的情爱所迷。

为个人的家庭的情爱所系缚,是苦痛的主要根源。学佛法,首先应扩大心胸,去我去私。众生无始以来,生死无边,现在宝岛的八百万军民,谁不是你历劫的父母妻儿兄弟姊妹,为什么生不起亲热的爱悦？大陆四亿五千万同胞,谁不是你历劫的父母妻儿兄弟姊妹,为什么生不起关切的悲哀！专在狭隘的小圈子中打转,这才引起无边的愁思。不但无益于人,而且有害于己,这是何等的愚痴！不记得儒家所说吗？"老吾老以及人之老,幼吾幼以及人之幼"。佛法是更彻底地推而大之,慈悲心由此激发；个己的爱缚,便可从此开脱。剩下来的问题是：怎样来爱护我的同胞,解救我的同胞。不要说你没有力量！力量只有大小,决非有无问题。尽自己的能力,首先完成自己岗位上的责任,更以余力来做有益于人、有益于国的事。哪怕是一点一滴,都是无比的功德。大家能集一点一滴而汇成大流,什么暴政,什么恶行,也会一决无余。共业所感的苦难,要从共同努力中去改变！萦缠在你心中的问题,也唯有这样,才能彻底解决了。不从此着想,而终日陷于忧苦中,是无益的。因此而来的健康恶化,佛菩萨是不能代为解除的。佛法是从因果中去解决一切,不像狂妄的神教,以为神的意思,可以自由地改变一切。

这些,我想你也许知道,只是说来容易做来难。环境与家属的杂想,会不时地涌上心来,缠绕自己,无法撇下。对于这些,佛法的一贯精神,是以智化情。如能彻底反省,深切明白,痛下决心,那对于无谓的忧思,自然会松淡下来,恢复正常的。在这转化的过程中,有两点可以日常修习,这是以清净情而代替染情方法。一、忏悔：这虽是共业所感的时代苦难，而你适逢其会。某些方面，自己会觉得特别苦痛；这是自己不共的别业，前生与今生所造作，而现在享受其恶果。这应该早晚在佛菩萨前（无佛像，可想佛菩萨如在左右），痛切忏悔自己的业障。一种深切的忏悔，充满信愿而恳切的忏悔，是走向新生的无比力量。自己一向惯习了的思想路数，想这想那，会忽然不再走老路。偶然想起，也会立刻自觉而中止。二、称念佛菩萨圣号：以清净心，称念清净的圣号，将杂念排挤出去，杂念自会停息下来。心地渐渐平静，不但忧苦渐除，佛菩萨的感应道交也由此而得。心地一清净，顿觉无边光明，喜乐充满。你的情绪，你的身体，都会不求好转而自然好转过来！

总之，忧思是愚昧的，无益的！学佛应为众生——人类的苦难而发心，不可拘蔽于狭隘的私我！祝你生活于佛法的光明之中，洋溢着正法的喜乐！

（录自《佛法是救世之光》，261—266页，本版171—174页。）

八　从心不苦做到身不苦

——在乐生疗养院讲

我来乐生院与诸位说法，真可说感想万端。诸位的病苦，当然首先引起了我的痛切。在这样的环境下，大家还能来共同修学佛法，这不能不说太难得！佛菩萨的慈悲，并不遗弃你们。佛菩萨从来不曾遗弃任何人，我们都常在佛菩萨护念的恩光中；只可惜我们的心行，不完全能与佛菩萨的心行相应。在这无边苦迫的世界，唯有佛法是我们的安慰，是我们的光明，是我们的依怙！除了佛法，我们还指望什么？

佛说"人生是苦"，这是大家所能深切体会的。佛说"人身如病，如痈，如疮"，这在大家是更能深切经验的。佛说何等彻底！不但大家现在陷在病苦中，一切人类，一切众生，都从来不曾离得了病痛，离得了苦迫，不过小苦大苦，小病大病而已。所以大家现在的病苦，极为深重，如能减轻一分，这当然是好的。然而切勿对照别人，渴想那无苦的快乐，无病的健康，因而增加无谓的痛苦。要知道，一切生死众生，是从来不曾离得了病苦的。大家一向在病苦中，而现在的病苦更深。这唯有彻底放下，向解脱生死的大道迈进，向不病不死的境地迈进！

说到苦痛,有身苦,有心苦。如无衣、无食、风吹、日晒、冰冻、鞭打、火灼、刀疮、蜂螫、蛇伤,这种种身苦,是一切人所同感的。这可从增加生产、劳资合作、医药进步等去补救。虽不能彻底,却可以相对的救济。心苦可就不同,如失望、怨恨、忧愁、恐怖、愤结、悲哀、热恼等等,是人人不同的。如同样的观月,引起的心情各各不同:有的欣悦,有的悲伤,有的怖畏,有的感到孤独凄凉,有的觉得清凉优美。又如病苦,有的小病而心里悲伤恐怖到极点,有的虽是重病,也能不引起心苦。所以,从过去业报或现生违缘所招来的身苦,我们固然要谋求相对的救治;而从现缘或宿习而来的心苦,我们在佛法的修持中,更应充分地控制它,解除它,做到"无有恐怖","忧悲苦恼灭"。如诸位既经染上重病,无论是过去生的业报,或是这一生的横缘,在现代的医药上,还不能做彻底的根治,那唯有安命,切勿愚痴而增重心苦。反之,心苦的解除,却是自己作得主的。我告诉大家,有些了生脱死的阿罗汉,还免不了身体的病苦,但却能没有心苦。佛曾经说:你们要"身苦心不苦"。我觉得,"身苦心不苦",是佛陀最慈悲、最方便的教授!在座诸位,应特别地顶戴奉行!

身与心——精神与物质,本是互相影响的,所以身苦会引起心苦,心苦也会引发身苦。然而身体苦痛的减少,不一定是精神上苦痛的减少。如近代的物质文明非常进步,论理应该精神更愉快,而事实却不然,患神经衰弱、精神失常的人反而多起来。斗争恐怖的政策,使人更陷于惊惶失措、求生不得求死不能的苦海中。比诸位身体的苦痛,实在还要难受。可是心苦的消失,虽不一定没有身体的苦痛;而修持有力的,确能做到身苦的解除。

从心不苦而做到身不苦,这才是佛陀最彻底的救济!可作为我们的理想而努力去实现。

不知佛法,不依佛法而行的愚人,身苦会引起心苦,心苦会引起身苦,小苦会演变成大苦。如小病而恐怖忧郁,或思亲单恋而卧食不安,久之身体是更坏更苦了!这在我国的现社会中,到处都是,用不着举例。了解佛法,依佛法而行的智者,身苦不会引起心苦,决不因心苦而引起身苦,小苦不会变成大苦,反而大苦化小苦,小苦成无苦。这主要的关键在:一、通达因果事理,深信业报,不为苦痛所扰乱,不颠颠倒倒地自作疮疣。二、忏悔罪业,求佛菩萨加被,多集善根来减轻苦恼。三、修习禅观,这是由心转身的有力方法。从前南岳思大师,起初风疾发作,四肢缓慢,身不由心。后来因禅观的力量,完全康复。还有一个事实,出于清人的笔记中,也与佛法相合,可作诸位的参考:

出身富贵的某女郎,美丽而聪慧,嫁得一位门当户对的才郎。夫妇的感情很不错,翁姑也合得来。不幸得很,她忽然染上了疠疾——癞疯。发现以后,无论她的丈夫与翁姑怎样的爱她,也不能不实行隔离。不久,病势越发厉害,这才为她造一所小屋,整天住在里面,与闭关差不多。她在小屋里,整天想她的病相,对自己一幅丑恶不净的身相,越看越丑恶,越看越可厌!丑恶不净的身相,时刻的不离心念,连饮食便利时也如此。后来,她见不净丑恶的病体脱落,仅剩一付雪白的骨骸,不再有秽浊。忽而从白骨中放射光明,照满小室,她的恶病,也就从此完全好了!她厌离这世间的色身不净,就一直住在这小屋中,过她的自由生活。——这一传说的故事,吻合佛法中从修不净观而到净观的过程。由于心得定慧力而引起色身的转变,是可能的。诸位!现在何妨以此乐生院作关房,切实地修习一下!

我想,大家平常大概是念佛的。念佛,是求得身心清净而往生净土的法门。这必须厌离此世间,彻底地看为丑恶不净,这才有可能。古人说:娑婆的厌心不切,难于舍娑婆而生净土。娑婆是五浊恶世,色身是五蕴毒聚,如彻底地观为不净,自有从不净而转为清净的可能。方才说的女郎,可以作为大家的榜样。诸位!佛是人间导师,是大医王!信佛,学佛,可说已踏上正道,走向光明的前途!不要太看重现在,还有无限的未来,不要太执著色身,还有自在的精神!在三宝的恩德与威德中,为诸位祝愿:从身苦而心不苦,走向心净而身净的前途!

(录自《佛法是救世之光》,267—272 页,本版 175—178 页。)

九　佛教的财富观

——讲于马尼拉信愿寺

一　叙　起

我们信佛学佛,是要依法而行,这在昨天曾经说到。如人间的财富问题,佛法怎样指示我们,也是佛弟子迫切需要知道的。财富,包括一切动产不动产,国有的和私有的;日常生活所需,以及金银宝玉等都是。可是我先得申明:我现在所要讲的,不是什么经济学,也不是讨论出家人对于财富的态度及处理的办法。现在要谈谈一般在家人,对财富应怎样取得,应怎样处理等问题。

功德天与黑女:先从一故事来说起。我们中国人,遇到家境困难,生活无着,或是生意不景气,就去求财神。在印度,就是敬奉功德天——如供天仪轨所说的"南无第一威德成就众事大功德天",求功德天的恩赐财富。故事就这样发生了:有人家道衰落,就供养功德天,早晚都诚意地礼拜。一直供养到两年,居然得到了功德天的感应。那天,听见有人推门进来,一看正是功德天。穷人急忙起来,以最敬虔而欢喜的心情去迎接。功德天是一位最美丽的女郎,可是当她将坐下时,外面又有人推门。穷人忙着去看时,这回来的却是一位又黑又丑的女郎。穷人阻止她进来,可是那位黑女郎却一定要进来,同时说:"功德天是我姊姊,我是她的妹妹——黑女,我们姊妹是从来不曾分离的。你请她,即使不请我,我也非来不可。姊姊来赐予财富,我是来消散财物的,你见过有积聚财物而不散失的吗?"

这一故事说明了:世上的一切财富,都是无常的。得来是那样艰难!可是结果是不能不散失,而且又散失得那么容易。所以我们学佛的,财富不可强求;如散失了,也不必过分的懊丧,因为这是迟早要散失的。反而应该注意:财富应怎样得来,得来了应怎样处理,才不致让它无意义地消散了。

毒蛇与福德资粮:财富,究竟是好事,还是坏事呢?再以故事来说明。佛陀在世时,每天实行乞食的生活,阿难是佛的随身侍者。一次,佛和阿难又去乞食了。走到中途——水沟旁的时候,佛忽回头对阿难说:"阿难!毒蛇!"阿难上去一看,就说:"毒蛇!世尊!"他们就走过去了。那时,有父子两人在田间工作,听说有毒蛇,就跑过来看看。不看也罢,一看,两人有说不出的欢喜。哪里有毒蛇!沟旁土里所露出的,却是一坛黄金。于是父子俩欢天喜地的,把黄金搬回家去了。得到了黄金怎么办呢?取一块去金铺里兑换。金铺里见他们是穷人,心里起了怀疑,暗暗地去报告了官府。一会儿,便把父子俩捉了去。再到家里去搜索,收藏的黄金一起查了出来。审问明白,就判定了盗取国王财物的罪名。当时是波斯匿王时代,法律上说:凡藏于地下的,都归国王所有。这父子两人,就以这个罪名而被判死刑。在刑场上,父亲忽然想起了,对儿子说:"阿难!毒蛇!"儿子一想,比丘说的真不错,现在是为黄金毒蛇所害而要死了,也就望着父亲说:"毒蛇!世尊!"监斩的是一位佛弟子,听了他们的话,觉得希奇,就去报告波斯匿王。王听了,要父子两人回去,问他们这两句话的由来,他们于是把早上在田间遇到的事情说了。国王知道这是佛与阿难说的,对他们说:"这是佛的开示,现在你们信不信佛的话呢?"回答说:"真是毒蛇,害得我们丧生失命,怎么还不信呢!"波斯匿王因他们信佛,就把他们开释了。这个故事,说明了金钱是万恶的,它使人堕落、作恶、丧失生命。多少人为金钱而牺牲;世上多少罪恶,多少苦难,不是从金钱而来?这是近于小乘的见解。从另一面说,如把财富应用得当,是大有利益的。佛法要我们修福修慧,如把财富来布施行善,便是成佛的福德资粮。什么叫资粮?如旅行时,非预备旅行资具、粮食、舟车等不可。我们如发心学佛,也非有资粮不可,否则是不会成就的。如以财富布施作福,便是修集福德为成佛的资粮。那么应用财富而得当,不是最有意义的吗?所以佛法对于财富,决非一味地厌恶它,看作毒蛇那样。财富是毒蛇,同时也就是资粮,问题在你怎样处理它!

二 财富由布施福业而来

由福业而非神赐

说到财富,简单地说,一切都从布施福德而来,从布施业因的感果得来。我们所有的财富,无论小至粒米,大至全世界,都是从我们的福业而来,而不是什么神所赐予的。神教的信仰者,把他们的一切财物享受,都看作神造而赐予享受的。他们对日常的饮食,都当作神赐而在感谢他的恩典。这原是"靠天吃饭"的幼稚想法!但是佛说:这是依我们自己所积的福德得来的。在过去世中,如造作了很多福业,那么现在就有富有的享受。反之,便只有小小的福报,甚至穷困到无以为生。所以过去世的福业,决定了我们现在的财富与享受。

一切是神所赐予的,理论上决不能使人满意。例如婴孩初生,他们所处的家庭,为什么大有贫富的差别。这不能说是他们对神的信仰有所不同。如厚彼薄此,神也就太任性而不平等了。再说,有多少人对神的信仰是虔诚的,但一直过着穷困的生活,这又怎样解释呢?佛弟子不能信任神的恩赐,认为一切要依自己,自己的业力,才决定自己的福报如何。

从众缘而非定命

财富从布施福业得来,虽是绝对的定律,但其中还有许多问题。

一、有宿因或更待现缘:如说过去积有福业,现在享有福报,那么现在的我们不是就可以坐享福乐吗?一切可以不劳而获的命定论,是不对的。因为我们知道,虽有布施业因,而福报现前,大抵还是要有现缘的。有一笑话,可以助明这个道理。有人生下来后,被很多算命的算定为命运好,大福大寿。此人因此而骄傲懒惰,不肯工作,坐享幸福。他的妻子遇到这么一位丈夫,也只有终日呕气。一次,她准备回娘家去住几天,想到那位懒丈夫,没有人烹饪,送到面前,他是不会去动手的,可能会饿死。于是便替他制了够半个月吃的大米糕,中间留一圆孔,挂在他的颈项上,让他饿了好吃。她去了近十天,忙着回家来,哪知一进家门,便见那位懒丈夫饿死在一边。原来他懒得要命,只吃到低头吃得到的部分,连把大米糕转动一下也不肯动手。这当然是笑话,正说明了偏信前生福业是不成的。

前生的福业,有的能自然感报,不需要功力,如婴孩的生在富贵人家。但更多是,除了宿世的福业而外,还要依自己现生的功力——现缘。用一分的力量,有一分的收获。如农夫种田,播下种子(如宿世施业),还得勤劳地灌水、下肥、除草(如现生功力),才会丰收。不然,坐等收获,那是没有把握的。除非少数的田土肥,雨量足,但虽有收成,而产量不会多(如宿生的福业,自然感报)。种田是这样,种福田而得福报也是这样。所以不能专依宿生的福业,还得靠现生的功力。如专依宿业,成为命定论,那就像懒人一样,结果可悲惨了!佛法不是命定论,请大家注意!

二、得福果或造成恶因:关于福报,我想说几句话,大家不要惊慌!财富从布施的福业得来,那么现在辛苦地做生意,或从政,或劳动而得的财富,是由福业而来吗?是的。盗匪劫掠所得的,或贪污欺诈所得的财物,也都是福报吗?是的。这似乎太危险!有财物就是有福报,这不等于奖励作恶吗?不会的。依佛法说,这些非法得来的财富,从往因说,虽从福业而来;但从现缘——得财的方法说,却是种下恶因了!用不合法的手段得财,甚至这分福报不能受用,反而受到罪恶的苦报了。

为善有善果,布施必得福报,但要依因果的正常法则去实现。如种田的,下种以后,得老老实实地下一番功力——灌水、下肥、除草等,秧苗自会逐渐地长大,开花结实,为我们所受用。传说:有一愚痴的农夫,插秧以后,天天去田里观望,而每次都非常失望,因为苗生长太慢了。一天,到田里去,把所有的秧都给拔得高一些,他才满意地回去。可是第二天再去看时,所有的秧都枯死了。愚蠢的农夫不让秧苗正常地生发长大,却以不合理的手段去促成秧苗的成长。苗是长了,而苗也就死了。秧苗所以能生长,因为有部分潜在土里;如土里没有,那拔也是不会长的。福报也如此,如没有前生的福业,用非法的手段,也还是不能得到。但即使有宿生福业,不以正法而得应得的财富,福报得到时,恶报也就在眼前了!财富都由福业而来,这是彻底的道理。但有了福业,还要用正常的方法去得到。用非法的手段得财,种下恶因,真是把自己的福报糟蹋了。所以佛说:"如法求财,不以非法。"

三 如法求财不以非法

什么是如法(依法、合法),什么是非法呢?一般人以为从辛劳职业得来的财物,便是合法的,其实未必尽然。从非法职业得来的财富,是种下苦因的,这又有两类:

一、非国法所许:如从事的职业,没有违犯国家——或是居留地国家禁令的,便是正业。如国法所不许的——或不许民营的,不许外侨经营的,不许种植(如鸦片)或出卖的,就不可以做。国家的法令,不论国民或侨民,都应该遵守,虽然国家的法令未必都是对的。如不同意国家的法令,认为不合理,也得依正当的办法来求补救,求改变,切不可阳奉阴违,触犯禁令。

二、非佛法所许:有些职业,不一定是国法所禁的,但依据佛法,却是一种不正当的职业,这就是以杀、盗、淫、妄、酒等解决生活的职业。如屠宰、渔猎,或被雇负责杀人,或制造杀生的器具等,便是与杀有关的非法职业。又如专门偷盗——小偷、土匪;或开设淫窟,出卖淫画、春药为生的;或东欺西骗,以说谎为职业的;或酿酒、开设酒馆等,便是与盗、淫、妄、酒有关的职业。这些,凡是良好的佛弟子,是要避免的。这一点,不论在家或出家众,都要互相劝勉,不但自己不做,还得劝教内善信,共同避免触犯。我们中国佛教徒,对职业问题每不够注意。有的是不知道,有的明知道自己的职业是不合佛法的,但或为了是祖先的遗业,或为了生计改变的不容易,还是做下去。其实有真切的信仰,真实地信解善恶因果,就应该拿出勇气来改革,不惜牺牲,忍受痛苦来改革!信佛就应依法而行,希望做佛弟子的,应特别重视这点。

有的,虽从事正常的职业,但在职业上,或与朋友往来上,非法得财。广义地说,这都等于是窃取的。因为非自己所应分得的,而现在取得了;是应该付给人的,而现在却逃避了。这种财物,不应有而有,一切属于非法。其中有是一般性的,也就是任何人都可能违犯的。问题很复杂,例子也多,现在略举经典上常说的几点。

（一）"窃取他物"：这不是以偷盗为职业，而是偶然的。对于别人的财物起贪染心，设法窃取，或顺手牵羊地取为己有。又如别人遗失的东西，拾到了应该归还原主，不但佛法如此，现代的国法也如此。如拾得而私藏起来，也就等于窃取。还有，对国家都有纳税的义务，如故意延不缴纳，如营业税、所得税、土地税等，或是偷漏捐税、走私、以多报少等，这是减少国家收入，增益自己财富，属于非法得财。

（二）"抵赖债务"：借债应该归还，如抵赖而故意不还，是非法的。不过，有的不幸而事业失败，破产了。依因果律说，来生也是要偿还的。但他确是事业失败，无款可还，即不能说是非法。可是有的事实上有能力归还，借口失败而不肯清还债务，这已是非法了。还有故意倒闭他人的货款、存款，而自己是愈倒愈富，这不但国法所不许，佛法上也是恶中之恶！

（三）"吞没寄存"：有把现款存放到别人的名下；或是金宝财物，为了外出等原因，寄存在亲戚朋友家里。但日子一久，受人寄存的，便抵赖说并无此事，说那些是他自己所有的。还有把金钱和一些重要的手续，委托知己，寄存在友好处。等到寄托人死了，受托人便吞没寄存的一切，欺负他的后辈，这都属于非法之例。

（四）"欺罔共财"：几个人共同投资，组成一个公司；公司的财产，便是股东的共财。如某一股东，负责在公司办事，拿出偷天换日手段，伪造账目，欺弄股东，把共有财富转移到自己的腰包去。又如弟兄的共有财产，未分家时，有的先于中窃取，化公为私，这都是欺罔共财的非法事项。

还有一些非法的取得,不是一般人所能犯,而只是有关人所能犯的,也略说几种:

(一)"因便侵占":或服务政府机关,或服务工商行号,或服务社团学校,利用地位及职务上的便利,而损害服务事业的财物。这种情形实在太多了,有些甚至是被人看作惯例的。采办的从中取回佣金;浮报旅费或交际费;低价卖出,高价买进,而自己从中分得一分。总之,为了个人利益,使服务的事业少收多支,都可说是因便侵占的非法。

(二)"借势苟得":这是一般从政人员所最易犯的。利用权势及职务,非法得财的办法真多!如人向某机关办理某项手续,里面的负责人不替你办理,或问题层出不穷,让人走上好几回,还说过几天来。等得急了,或是事情不能拖延太久,只好去贿赂他们,或买礼物送他。财物一到,问题简化,工作变得极有效率,这是留难的一例。有的查到民家或商店有小小违犯禁令的事情,如售货而不开货单,或不盖店印等,于是表示问题严重,以种种来威吓。其实,不一定是忠实执法,而只要人情到了就完事,这是威吓的一例。还有是走进商店行号,或者民间富户,故意刁难,甚至设局陷害,说你犯下什么罪,要举发你。你怕事怕麻烦,只有以金钱去讨好他,这是诬陷敲诈的一例。还有得财枉法,或纵容亲属收容贿赂等,真是花样繁多。这是社会的病态,政治上的罪恶。奉佛的弟子们,守法而不贪这些非法财富才是。

(三)"经营非法":出资本,从事工商事业,获得合法利润,本是极正当的,但其中也有许多非法的。我不是内行人,当然说不上内行话。扼要地说,货不真、价不实、量不足,获得分外利润的都是。以假的作真的卖,把次等货当上等货卖;冒用他家商标,欺蒙顾客,多得利益。价不实,有讨价还价的恶弊,这本来无非想遇到不知时价的,可以多卖几元。等到风气造成,大有非漫天讨价不可的情况,真是害人害己!分量不足;又如斗秤不公,大进小出等。至于不顾国计民生,乘机抬价,囤积居奇等,不但为佛法所不许,有时也会受到政府的取缔。经营事业,一定要以合法的手段,谋取合法的利润。由于人心不良,社会病态所造成的非法取财的流弊,是会有报应的。大家应互相警惕,如法求财,才能无害于人,有利于己。

现在举一故事,来说明决不可非法得财。佛弟子目犍连,在家时很有地位,自然就有些有地位的朋友。他的好友中,有名叫陀然梵志的。目犍连出家以后,常在外方弘法。一次,回到了家乡,陀然梵志当然是他所关怀的一位。有人告诉他:"陀然依赖自己的地位、势力,做种种不法的行为,从中取利。他是勾结人民,要挟政府;同时又勾结政府,欺压老百姓。"目犍连听了,心里为他的老朋友难过。一天见到了陀然,想起他的不法行为,就以老友的身份呵责他不该那样的胡为。问他为什么要这样,陀然解释为出于不得已。"为了孝养父母,培育儿女,还要修福积德,祭天神祖先等。没有钱,怎么办呢?"目犍连告诉他:"就是为了供养父母,培育儿女,修福祭祖,也是不可以非法取财的。"目犍连知道他是一篇鬼话,所以进一步追问:"真的是为了这些吗?"陀然与目犍连是宿生有缘的,也就说实话了。原来他有一位妻子,衣食住行,样样要讲究,天天要钱花。没有钱,就连吵带闹,弄得家庭不安。陀然为了这,所以才胡乱搞钱。目犍连大不以为然,说他愿为妇女的奴隶,自己作恶,而不顾将来的恶报。劝勉他,要为自己而重新做人。

这个故事,开示了我们:凡是非法得来的钱财,无论出于什么良好的动机,都是罪恶。对于这点,佛法毫不妥协。至于为了满足妻女的贪欲而自甘下流,那更不要说了。人不能不依财物而生活,但财富要以清净的如法得来。一不谨慎,种下恶因,苦报是自己的呢!

四　财富的处理

远离非法而依法得财,所得的财富应怎样处理?这略有两大原则:第一、奢俭适中:不要过于悭吝,被讥为饿死狗、守财奴。又要量入为出,不可过分耗费,而致家庭经济日见困难。这不但平常费用要有节度,就是供养三宝,也一样的要量入为出。虽然信心恳切,乐意施舍,如由此而引起家庭经济的困窘,也会发生障碍的。第二、蓄用兼顾:由正业得来的财物,佛指示我们一个使用的方法,是几方面都顾到的适当计划。这就是将每年的如法收入,作四分支配:

(一)资用:把一分财物,用作经常的生活费用,包括儿女教育费等。在财力可能时,每人应有适当的生活水准,不可奢侈,却要足够。

(二)积蓄:人事无常,我们有时会生病,将来还会老,平时也总有意外的必须支出。所以在每年的收益中,应保存一分,作临时支出以及养老等费。积存,虽是少少的数目,也是极有意思的,不但可避免临时的困窘求人,也可养成不浪费的习惯。近代的奖励储蓄,用意也与此一样。

(三)经营:无论从事哪一职业,都应在每年的收入中,分出一分为事业费。多辟田园也好,增设工厂也好,增加资本也好,充实学力及工作技能也好。这样才会增加收入,使财富增长累积起来。

(四)作福:人不能专为自己,专为现世,应顾到社会利益,以及自己的后生福乐。所以对社会公益——文化、慈济事业,三宝法益——供养、护持,都要分一分收入来作福。这不但是自己积福德,也是为人群谋幸福。

像这样四方面顾到的经济支出预算,便是最健全、最合理的财富处理法。

五　财富究属于谁

财富,到底是属于谁的?这个看来简单的问题,实际上非常复杂。这要从三方面去说。

一、从先前的因缘说,那就是"宿因则共,现缘或别"。这是说:从以前业感而有的宿因说,大地、河山、火、水、田、园、一朵花、一株草,这些(一般看作)自然而有的,都是大家共业所感的,不但是人,也还是畜生等所同感的。如披拂的春风、和暖的日光、山石、土壤,这不都是共有的吗?凡是共业所感的,不是一人的力量所能转移。如大家的善业增上,就会进步而逐渐的清净庄严。如恶业增上,就会衰退而成为贫瘠荒凉。经过了人的功力（也还有前生业力的彼此不同），这些自然物就有属此属彼的差别，所以说"现缘或别"。如本是荒地，有人加以垦殖，土地转为肥沃，收成也多而又好；如林木，经人工采伐、运输，加以制造而成用具，这就不再是一切共有的了。然以农业品来说，土地本不是个人的。要垦殖，需要农具，是工人制成的。农具所用的铁，又是从矿山采取，经锻炼等而成。此外，肥料、种子、水利，一切都与现缘的人功有关。如究竟地推论起来，如佛法所常说的：一法从一切法成，一法助成一切法。所以一切现缘所有物，也都有共同的意义。不过依功力——现缘的主要或旁助不同，显出属此属彼的差别罢了！

二、如从当前的摄受说，那就是"摄取则别，受用或共"。摄取，是有所摄属而成为某方所有的——是个人的，是一家的，某一社团的，某一国家的。虽其中也有是多人所公有的，但主权有了摄属，便成为不共于他（别）的土地或财物了。这种私有的摄属，由于自私的占有欲，知识的不充分，每每超出其应得的限量。根据上面所说的宿因现缘来看，不一定是合理的。甚至如古代的以人为奴隶，看作自己的财富而可以买卖（到现在，人类还以牛马等为自己所有，而自由地加以奴役或杀害）。又如某国人发现一岛屿，就被看作该国所有，或者禁止别人移殖。又如侵略者以武力取得别国的领土或权益，也被看作合法。不过，世间原是不太理想的，原是不离自我的私有观念的（无我就出世了），加上财富本身含有"现缘或别"的成分，所以自然的会成为私有制。这种摄取而属此属彼，不一定理想，但为了维护社会安定，必然地产生成文或不成文的法规，而防范相互的侵占。在时代的演变下——知识进步,道德进步,自会逐渐地走向合理。如民生主义,进步到耕者有其田;都市土地,涨价归公等。如知识更发达,道德更进步,现缘更密切(人类的关系更切),相信会逐渐到达"大同"境地,也就是更合于"宿因则共,现缘或别"的法则。然而,世间永久是世间,摄属的私有性也永久会存在的。如真能完全超出私有的摄属关系,那只有净土了。

由于"宿因则共,现缘或别"的关系,尽管财富的摄属私有化,论到受用,还是可能共用的。如农夫的庄稼,麻雀们要来分享他的果实。如栽植花木,不准人摘取,也得让人观赏。即使围起来谢绝参观,花香阵阵,还是要随风而送到别人的鼻中。你打开收音机倾听优美的歌曲,不知你的邻人也正在受用呢!房屋是你的,如偶然暴雨,路人来檐前避避雨,终该是可以的吧!在战争时期,国家可以征用;空着的房屋,难民也可以临时住用。如大家到了无衣无食,那么你所有的衣食,也就难于保持私有了!众生是展转互助相成的;"宿因则共,现缘或别"的东西,虽不妨摄取而成私有,但受用却可能共同呢!

三、如约将来的果报说,那就是"保藏不定属于自己;享受不再属于自己;施诸悲敬才真属于自己"。这一判别,是应该分别解释的。

(一)"保藏不定属于自己":积聚的财物,变成不动产也好,存入银行也好,埋藏也好,不一定是属于我们自己的。佛经说:五家所共——水灾、火灾、盗匪、恶王、不肖子孙。水火两灾,可以毁坏辛苦得来的财物。匪与恶王,可以强夺我们的财富。不肖子孙,把父祖辛劳的积蓄任情地挥霍。现代的问题更多,战争破坏、币制贬值等,每有富翁在几天内什么都完了。其实,大家不免一死,终归无常。蓄积的一切资财,什么也带不去,还是你自己的吗?积蓄些养老、防灾,本来不可说不对。但有人愚蠢无比,富有的资财不肯供给他的父母儿女,慈善事业更不必说,连自己也舍不得用,真不知财富是做什么的!传说:有一老人,积蓄的黄金埋在屋外的墙脚边。每天吃饱了,便到墙边去看看,满意地欣赏他的黄金。这样日子久了,难免被人识破,暗暗地把藏金都拿走了。第二天,老人又去欣赏他的积蓄时,发觉黄金已被盗掘了。这可伤透了他的心,号啕痛哭,哭得邻舍都惊动了。他诉说黄金被窃后,有人问他:"黄金埋藏多久了?要使用它没有?"他说:"埋藏已十年多了。并没有动用过,因为每年收入丰余,不需要用它。"于是有人向他提议:"这好办,好在黄金是埋藏而不需用的。那可以包几块土砖,照旧埋在那里,当它是黄金,每天不照样可以去看看,可以满意地欣赏它吗?"这故事说明了,某些无谓的保藏只是满足他的私有欲而已,并无实用,而结果终究是散失了!

(二)"享受不再属于自己":有以为自己的财物,自己有权支配享受,所以纵情地浪费,他是怎样的富有呀!不知道这么一来,再贫穷也没有了。如有一千斤谷子,收藏起来,日子久了,谷子不是变质而不能再吃,便是为鼠雀等逐渐消耗光。专于保藏而不用的也如此,所以上面说:保藏不定属于自己。但此千斤谷子,如把它一起煮饭吃了,虽然并不损失,可是吃完以后,什么也就没有了。财富专为自己所享受,恰好如此,所以说:享受不再属于自己。过去的福报,享受完了,未来的福业,什么也没有,这不是最大的贫穷吗？

（三）"施诸悲敬乃真属于自己"：积蓄的终会散失，享受了就此没有，那么就得把现有的财富分一分来作福修德，为将来受福种子。譬如一千斤谷，拿一部分去下在田里，加上肥料功力，就会有十倍百倍的更多收入。这样，如分一分财富去布施，让大家受用，为佛教文化慈善而使用，便是努力于福报的再生产。布施，似乎是损失（如种谷腐烂），而实能引发未来丰满的福报（如收成更多）。老子说："既以与人己愈有"，可借以说明布施得福的道理。谷子下种时，当然希望丰收，把它播下好田地，不能撒在沙石上。布施作福也如此，有两种良好的福田，功德最大。（一）悲田：把财富分一分去抚恤孤寡，施舍医药，救济灾难等。这些社会福利，救济事业，便是种福于悲田中，因为这是值得同情怜悯的对象。（二）敬田：为儿女的孝养父母，做佛弟子的敬奉三宝等，这都是种福在敬田中，因为这是值得尊敬的对象。凡是种福于悲敬二田，现生或将来，一定会得良好的福报。布施时引起"施福业"，随逐行人，从今生到来生，成为水不能淹，……恶王不能夺自己的财富，所以说"施诸悲敬乃真属于自己"。

上面所说的，都还是一般的。声闻行者、菩萨行者，还有更好的主张，更好的处理，更永久的财富。现在为时间所限，只好留着不说了。

（录自《佛在人间》，243—266页，本版163—178页。）

一〇　佛教的知识观

今天讲说的,为"佛教对于知识的态度"。这问题,有关于佛教修行的方法论,及佛教徒对现世间的知识文明是取什么态度。

知识究竟是好是坏?佛教徒依于佛法,应有一个公正的估价。时代青年,说今日人类社会在知识发达中有了进步,进步离不了知识。年老的每说:今日世界,人心不古,越来越坏了,坏也离不了知识。这是一般常识的看法,并没有触到知识的本身。一般说:现在的科学发达,世界的文明进步,都是知识发达的好处。人类文明进步,既都是知识的好处,为什么有人起来咒诅它?可见知识的本身定有问题。所以有以为知识愈高,人类痛苦愈深。对于知识,不仅老年与青年的看法每每不同,即古今中外人士,也都有好坏的不同看法。

一　一般文化界的看法

中国文明中的不同看法

中国人对知识的不同看法,从中国固有的文化思想中考察,可以略分为儒墨与老庄的两大派。儒家与墨子的看法一样——他们是推崇知识的。孔子说:"我非生而知之者,好古敏以求之者也。"即对固有的文化发生了高度兴趣,不断地探求、深入,所以孔子成了一位"学不厌,教不倦"的大教育家。在他的心目中,知识是人类立身处事的根本,没有知识,什么都不成。唯有知,才能趋入"道"。故《大学》说:"知所先后,则近道矣。"知识是多么重要!在儒家看,不但修身、齐家、治国、平天下需要知,而这一切还以知为本。如《大学》的八条目中,平天下,先要能治国,治国依于齐家,这样推论到首先要从格物致知做起。知是极重要的,儒家一向重视它,我国固有文化学术,也大抵因儒家的好古而保存传授下来。墨子是从儒家中流出,发扬比儒家较朴实而实用的思想。他非常重视知识,因此,墨家的论理学极发达;同时,物理、数学等,在墨子的学说中也有发扬,墨家还是精于器械制造的。从儒、墨的学说思想看,知道他们是崇尚知识的,这是中国古代正统文化对于知识的正面看法。

  老、庄是崇尚自然的。老、庄的思想,主张反朴归真。老子认为:世界上有圣人,就有虚伪的道德;有知识,就有欺诈,天下就要发生祸乱,人民遭受苦痛。所以他要"绝圣弃智"。若世间没有圣者与智,人类在自然的生活中,得以享受安宁和平的幸福。老子的这套思想,到庄子更为明朗极端,更富于哲学内容。他寓言说:混沌——形容一个无知无识的,神看他可怜,每天给他开凿一窍,七天之后,他七窍完备——对世间事物的认识发达了,可是也就死亡了。这意思是说:无知无识,充满了生命,还能安逸地生活;知识一开,生命也就开始毁灭,不再能安逸地生存了。所以在庄子看来,知识是天下大乱人民苦痛的根源,也就是死亡的根源。庄子又说到:有一农夫,以一木桶到河里提水灌溉禾苗,上下来去,极为艰苦。有人教以用水车取水,他却说:用不得。因为以机巧取水,即有机心,有机心,便是一切灾祸的来源。庄子又说到:找求"玄珠"——真理,极为不易。有力气人求不到,聪明人不知花费了多少时间也没找到;后来罔象——形容无名无形的,很快就寻得了"玄珠"。这含义是说:聪明人以知识求道,道越求越远。这都表示了知识的无益于大道,无益于人类。故老、庄的社会观念,是反朴归真,崇尚自然的原始社会的生活。

从儒、墨与老、庄的两种思想去看,那么说今日社会由于知识而文明进步,与由于知的发展而人心不古,这种对立的不同观点,原是中国古已有之的。

西方文明中的不同看法

现有的西方宗教,主要是起自希伯来民族。起先是犹太教;后来耶稣革新而成基督教;后来又经过马丁·路德的宗教改革,分成固有的天主与新的耶稣教。回教,又是受过这几种宗教思想而蜕化出来的。今日的西方宗教家,他们像也在提倡教育,研究科学等。实际上,希伯来式一神宗教的根本思想,是知识的反对者。不信,请读《旧约·创世记》。据说:他们的神造了一男一女两个人。起初,他们是混沌无知,无知识,他们却生活在极乐的乐园里。他们住处,有两株树:一是生命树,一是分别善恶树,树上都结满了果实。神对他们说:分别树上的果子不可吃。

但他们受了魔的诱惑,忘掉了神的吩咐,竟吃下了分别果。不吃果时,他们的知识未开,生活过得很好。一食了果子,眼目明亮了,顿时对世间起了分别,发觉自己没穿衣服,便知羞耻。晚上神来时,他们怕羞耻而躲在树下,神非常生气说:你们该死!照中国儒家及佛教看:人类的知羞耻,是一种向上向善的表现,佛经称此为人与禽兽的区别点,而希伯来的神却认为这是罪恶,应该死亡。因此,神赶走了他们,人生从此便失去乐园,便有了死亡,人间便充满了苦痛。这与中国老、庄的思想相近,不过老、庄是反朴归真,崇尚自然;而西方宗教的思想,一切皆归于信顺神,依神的指导而生活。《旧约》中又说到:人类多起来,想建筑塔以纪功。神说他们都与神那样有分别善恶的能力,如让他们团结而发展起来,太危险了,于是使他们分散,使他们的语言彼此不同。所以神教不但是人类知识的咒诅者,还是人类团结以及工业等文明发达的反对者。希伯来宗教重在教人因信仰而得救,不重于智的开发。《新约》说:"你不要研究撒旦深奥之理。"在进向真理的过程中,这是推崇信仰而抹煞知识价值的代表者。在他们认为:人类的自由知识,是死亡、苦痛、一切不幸的根源。

希腊,是西方哲学的发源地,在西方文明中,这是主要的一面。哲学的意义,是爱智。爱智,是对知识的思慕爱好,因为爱好而不断地探求。哲学,起初包含一切学问的统一;所以哲学即等于一切知识的钻求。被看作哲学之祖的苏格拉底说:知就是德;有了知识,才会向上向善而迈进于德性的开展。这分明是推崇知识的一流,与希伯来宗教的根本思想不同。过去,希伯来宗教发达后,希腊哲学便慢慢衰落下去,造成中世的黑暗时代。那时的哲学与论理学,都被用于论证上帝的有无。当时的哲学与论理学,被讥为宗教的奴隶。其后文艺复兴,也就是希腊哲学自由思考的复活;连一神的宗教,也不得不多少革新,容纳一些民主与自由的成分。然而近代的西方文明,宗教信仰与知识之间,始终没有做到协调的地步。

印度文明中的不同看法

印度的正统文化,是婆罗门教。婆罗门极重视知识,他们所依的经典叫吠陀,吠陀即是明的意思。在古来印度的社会文化,几乎一切都包含在吠陀里。到佛教时代,总括为五明,明即是学问;一切学问,皆是宗教徒应该学习探求的。因此,印度宗教信仰而重视理智;宗教即哲学,哲学即宗教。如佛教中,佛称觉者;证得菩提,菩提就是觉。此外如明、智、见、观、胜解等名词,到处都是,表示了重智的特征。因为重智,故印度宗教的信仰里充满了知识。这一点,显然与西方宗教的精神不同。

在佛出世前一二百年间,印度有反抗婆罗门教的沙门团崛起。沙门团虽也注重知识,但与婆罗门教的看法多少不同。在哲学的思考中,露出知识不能确见真理的意思。有一名删惹耶毗罗胝子的,如问起有无后世,他反问你觉得怎样? 若对方说后世是有的,他也跟着对方的意思说后世有。若对方说后世是没有的,他也跟着说没有。总之,你怎么说,他就怎么说。他不反对你说有说没有,但他自己却不说是有是没有。佛教喻此派为鳗论,不易捕捉他的真意;也有称之为不知主义。舍利弗尊者最初即依这一派思想学习,问他的老师:究竟得到真理没有? 他没有具体地说什么,而说:我也不知道得与不得。在哲学上,有他的地位与价值,即看透了知识本身的缺陷,不能表达真理。

佛教,有着沙门文明的内容,而又含摄了婆罗门重智的传统。因此,佛教是更能认透知识之性质与价值的。在这三大文明中,虽略举为例,也可看出,对知识都有正反的两面。但由于民族文化的不同,轻视知识的学派目的并不全同。中国重人事,齐家治国平天下;所以儒、墨主用世,而老、庄主张反朴、归真、任性、自然,而憧憬于自然的社会生活。印度重哲学的宗教,所以沙门团的不知主义等,都是以知识为不足表彰真理,而大家倾向无分别的体验生活。西方的哲学与宗教,为完全不同的两个系统。希伯来宗教轻视知识,着重于敬虔的信仰生活。

我想附带地说到中国佛教的一面。佛教传来中国,发展为有力的禅宗,但也有两大派:一、"知之一字众妙之门";二、"知之一字众祸之门"。这是对于知的两个相反态度。禅宗下的荷泽派,有圭峰大师,他说:"知之一字,众妙之门";此知虽与一般的妄识不相同,而到底是对知的极高赞美。后来禅宗下的南岳派批评他,把众妙之门的妙字,改成祸字,这是对知的不同看法。不但妄识不对,有一真知在,也还是有所著的;妄待真起,所以知为众祸之门。被称为正统派的禅宗——南岳、青原门下,不重经教,而高扬不立文字的特色,只要行者死心塌地参究去就好,至于教理、文字,甚至看作禅悟的大障碍。可是在圭峰大师,即主张教禅一致。这岂不是佛教禅宗二派,对知的看法不同?

从上面看,知识本身定有问题。若知识是绝对好,你想还会有人反对吗?知识的反对者都极聪明,可见知识本身一定有毛病在。若知识是绝对要不得,你想还会有人推崇?难道由知识而来的文明灿烂,真是可咒诅的吗?知识是有它的价值与好处的。佛教徒对知识的看法究竟如何,应该根据正确的佛法来说明它。

二 佛教的知识观

一、知识的缺点,可从四方面说。

(一)知识的片面性:知识是片面的,是一点一滴的。不但宇宙人生的最高真理,知识不能充分去把握;就是现象的事物繁多,人类对它们的了解,也是从一点一滴的聚合而来。识,在佛法中,是了别的意思。了是明了,别是区别。宇宙本好像混沌一团,由我们的区别它、分别它的彼此不同,而逐渐了解它。所以,知识的本身逃不过片面与点滴的限制。如粉笔:眼看它,是白色的,长圆形的;手触它,是坚硬的,粗涩的;敲之有声,嗅之有粉气;甚至看到工人怎样的把它做成。粉笔的性质、形相、作用,都经过我们五根所发识的实际体察,又经意识的综合而明了。我们对粉笔的知识,不是一下就来,而是从多方面一点一滴的聚合,然后才了解粉笔的全面。粉笔如是,世间的一切知识无不皆然。因为知识是片面的,一点一滴得来的,所以看到外面,不一定就看到里面;知道这样,不一定知道那样。部分的还不知道,这不必说;就是都知道了,也每每顾此失彼,重此轻彼,所以佛教称此为"担板汉"。能完全彻底了解一切事物的表里始终,这不是常人的知识所能做到的。如教育界每说教育万能,教育才能挽救国家民族的颓运；工业界却说工业的建树才是救民生建国家的基础；乃至军事、政治、法律家等，大抵重视自己这一套，各执其是。强调自己所重视所了解的片面知识，还有无数的重要知识被他轻视，甚至一笔勾消，这怎能作为世界人类全面而整体的计划？彼此间的顾此失彼，重此轻彼，引起相互间的摩擦、斗争，弄得愈来愈不对，也就难怪老庄等反对知识了。寓言说：如蛇头与蛇尾相诤，蛇头说：你尾巴小，只享受而什么不做，每天靠我养活你。蛇尾说：你只知道吃，没有我怎能走路？诤论的结果，互不合作。于是蛇头不吃，蛇尾绕在树上。几天之后，大家都完了。这便是只知自己的一部分有用，而不知相互存在的关系，内在相依的联络关系。资本家轻视劳工的功绩，而劳工仇视资本家，也只是这种毛病，弄到劳资不能合作。世间人的知识，由于知识自身的片面性、点滴性，所以不但不能把握最高真理，就是事物相互关系性，也每每忽略而错误，只以自己所重的片面知识，拿来作为一切知识的基础，衡量一切。这怎么行？这是知识本身缺点之一。

（二）知识的相对性：知识的本身，是片面的、点滴的总合，故常忽略整体而偏执部分，而且也是相对的。知识的相对性，可从知识的两方面说。知识的活动与表达，不外乎内心的思想与外表的语文。若离开了思想、语文，即不能成为知识。知识的特性，是遮他显自的。如见红色，即不是白色等；没有光明，即不知黑暗；有虚假才能显示真实，这即是知识本身的相对性。佛法称此为"二"。二是一切认识的形态，没有它，就没有认识作用的可能。如大海波浪，若每个浪的大小动态都是一样，你仅能了解是浪,而无法表示那一波浪,使人明了为那一浪。因此,非有突起的大浪,不能显出旁边的小浪。没有大小高低的形态作比较,你能说出什么呢?故知识,必须在相对的形态与作用中表现出某事某物来。所以识的字义,就是区别。如说有,便区别了无;有与无,在人类的认识中是相对的区别才能明了。因知识的本身是相对的,所以它不能了达绝待的、一切而无外的究竟真理。再从心识来说,知识有能知所知,能知是心识,所知是认识的对象,当心识了知对象时,却不能知认识的自身——心不自知。纵然自知心念的生灭动态,这还是后念知前念,决不是同时在一念中具有能所的认识,否则能所就混淆不分。因此,知识只能知道相对的世间,不能知道绝对的境地。佛法说:对相待而说绝待,绝待还成相待。又如这是一边,那是一边,于此两边间,说名为中。然而说到中,中是对边说的,离中无边,离边无中,边与中是相对的。可见我们的思想、语文,所论说的中道、绝对,也早就不是绝对与中道了。口说与心想的知识,永远触不着绝对中道的边缘,这不能不说是知识的缺憾。

(三)知识的名义性:人类的思想、语文,都是名字。名字是心想所构画的假名——符号,并不就是物体的自身。如心里想火,口里说火,火是名字,若名字代表了真实,想火火应烧心,说火火应烧口。事实上心想口说,并没有受到火的烧灼,可见名字并不就是那物体的实相。但人类从来说惯了,便生起错觉,一听到火,一想到火的名字,甚至听到上帝,听到龟毛兔角,都好像有此一物,好像就是那个东西。有人觉得,名字是假立的,但假名确表达真实的意义,义是名字所表示的。有人说到想到某一名字,就觉得确实表示某一意义。其实一个名字中,含有的意义很多。如说书,不但代表书本、书籍,同时,写字也叫书。关于一名多义,我们翻开字典就可看出。反过来,一义中也含有多种名称,如房子,可以叫屋、宅、楼、阁……这不是一义多名吗?一名多义,一义多名,完全要依上下文及习惯而诠定的,并非某名即是某义,某义便是某名,这就是说明了名与义没有决定不变性。因为名义的不决定,故随说一名一义,每成诤论,若能心平气和地相互研究,也许会知道名字尽管不同,而意义却可能相同。反之,虽然使用同一个名字,但不妨有多种解释。在这里,我们了解到:知识是建立在名义上的。名与义,是依人类的习惯使用而形成的。如小学生写字,少了一笔,我们就说他写错了;然而古代的名书法家,每因他少了一笔,我们就照着他写,觉得可以这样写。知识不离名义性,所以有不决定、相对、流动、变化的特性。人类的知识,每为名义的习惯使用而互相纷诤,纠缠不了。宇宙和人生都是众缘所成的,如幻如化,没有决定的实体。因此,世间的名义知识,表示它而不能直显它的绝待性——真理,这是知识的本性如是,对于绝对真实,是无法把握的。

(四)知识的错乱性:知识的错乱性很大,如一杯水,把笔插下去,即见笔形曲折;或见天上云动,以为月行;或眺望马路,见前面越远越小,但这些虽都是知识上的错乱,还容易改正。而知识的根本错乱,却习非成是,难于纠正了。如宇宙万物的流动变化,息息不居,哲学与科学能推证为变化,但常人即不能了解其中的变化。如讲台平稳不动地放着,然依科学说,桌子的内在实是时刻在不断地冲激流动,只是继续保持平衡而已。讲台面是平整的，若以放大镜一照，即刻现出了高低不平的现象。但不平整与不息的动，在常人的认识里，连科学与哲学家都在内，如直观对象，也不能了解。今天看如是，明天看也还如是，因此对桌子生起了一种不变的实在感，这就是知识的根本错误。他不但不知外物的流动变化，即连自身的变化也不觉知。如老人是由孩子的慢慢转变而壮而老。明明孩子与壮年，壮年与老年，有很大的变化，但他却不承认，以为现在的我与过去的我还是一样，这是不能理解世间的诸行无常义。有时虽听懂了无常的名义，但在诸法的事相上，不见无常变化；因此每在无常变化中，又执实执常，这即是由于知识的根本错乱而来。佛法说："常"是众生知识的颠倒错觉。的确，在众生的观念中，世间诸法是常实的，这不是颠倒错乱吗？

我们观察桌子，知是木料与人工等关系所成。科学说人是由九十几种元素的集合，佛说人是六大假合。人与物体，都是多种因素的复合体，世间哪有绝对的独立物体？因此，诸法皆是缘起关系的存在显现，就是极小的电子，科学也还说是复合体。但一般人就不能体会缘起的关系性，特别当自己在做事时，很少见到我与他人的关系，无意中总把自己看成一独立的个体。个体，在佛法中称为"一"。自己独存，称为"我"。一与我，是众生知识中的根本错误，在缘起关系的决定下，世间没有绝对的独立个体，没有真实独存的我与一。而一切众生，从无始来即有我的独一观念，这又不能不说是知识的错误。知识对我与世间的缘起事物尚有如此倒乱错觉，更深更妙的真理自不能体会。

知识中既包含了许多错误，以知识来说明事物，怎能恰合真理,没有颠倒与种种流弊产生?如人有时为了一个名词的认识不同,而起诤论;有时把虚假当为真实,把真实看作虚假,这都是常有而难免的错乱。唯识说:外境唯识所现,不像常人所见为客观外在的。中观说:一切法无自性,不像常人所见为实有的。这都是表示了:一般知识有着根本的错乱性。

还有,有人把知识看为人类痛苦的根源。我们仔细想,这话也有它的道理。因为人类的私欲,由于知识的我见错乱,一直与知识不相分离。混沌愚痴的人,知识未开,欲望也低,得少为足。等到知识高了,欲望也就大起来,物质、金钱、名位不能满足他的私欲,因而诤论。欲望跟着知识而扩大发展,知识即成了人类苦痛的根源,难怪有人要咒诅知识。然而,知识最低下的众生,也还是有他的错乱,有他的私欲。所以知识低,欲望低,并非是理想的,并非是问题的解决。

一般的知识,离不了私欲。知识大,私欲也就随着知识而扩大。知识低的,他的欲望也低,如只想做一家之主,占有家的一切,支配一切;可是知识高的,发展他的无穷私欲,他希望占有一国,或做整个人类世界的支配者、控制者。各人都有私欲与知识,人类在私欲与知识的不断发展中,世界成了斗诤的沙场。最显著的例子,如山地人民的知识低,生活淡泊清苦,但他们的欲望少,多少好一点,即能暂告满足。而都市中的人民知识高,他们就是住洋房、坐汽车……还是感到不满足,这就难怪老、庄要讨厌知识了。

二、知识的长处:知识有错误的一面,然而也有好的一面。现在即以佛法的立场说明知识的好处。

(一)以分别识成利生事：现世间的衣、食、住、交通……都因知识的发达而有了长足的进步。今天农家的耕种，也进步到机械代替人工，比起从前来，真不知好得多少倍。从前人去台北，艰苦地跑上两三天；现在搭飞快车，只消一小时零几分，坐飞机当然更快。这都是从知识的发达中来，你能说知识发达不好吗？所以人类的日常生活，在知识发达中，得到许多便利、改善。现在农工居住的屋子，比五千年前的王宫——茅茨土阶，有时还好些。古时的道路不宁，土匪众多，若人民要输运财物，就得请保镖的，现在以火车、轮船运货，绝少匪类的抢夺危险，显然比从前好得多，这能说不是知识文明的好处吗？世间的利用厚生，非知识不成。

大乘法说：初学菩萨向上向善的正行，即由分别知识的引导——由知识分别，知善知恶，了解世间的因果事相，知善而深信善法的价值，于是不断地努力向善，这才能趣向证悟的圣境，得平等无戏论的根本智。不但初学的，菩萨在自觉的圣境中，虽远离了分别妄识，但菩萨行的特点在利他，故从平等的根本智中又起后得的分别智，此即通达事物、度生的方便智。从菩萨的修行、证悟、利他的一切事业中看，佛法始终重视知识。佛法把知识看为：是自利证悟的前导，利他妙行的方便。离去了知识，即不能成就自利与利他的事业，这是佛法重视知识而说明了知识的崇高价值。

佛经说：周利槃陀伽根性暗钝，教他读经，他记得前一句，即忘掉后一句。但佛陀是慈悲的，始终慢慢教他，诱发他学习，他在佛陀的慈悲教授策励下，终于证得了阿罗汉果。虽证圣果，但不会说法,请他开示,他只会说:"人生无常,是苦",此外只有现神通了。他的话错吗?当然不错,但他缺乏知识,故证悟了也不会说法。佛弟子中的舍利弗就不同了,他未出家前,即通达吠陀经典;出家证悟真理后,他为众说法,在一个义理上,能滔滔不绝地讲七天七夜,还没有讲完。佛赞叹他:"智慧第一!""善入法界。"又如近代的印光大师,他是老实念佛的净宗大德,为无数的信众所崇敬。然老实念佛的不止他一人,何以其他人不能发生广大的教化力量?还是因为印光大师不但切实履践,而又有对儒学及佛教的深广知识啊。知识是菩萨摄化众生的要门,故《瑜伽论》说:"菩萨求法,当于五明处求。"从这些事实看,即知佛教对知识是多么重视了!分别识是能成利生大用的。

(二)以分别识成深信解:佛教与希伯来的宗教不同。希伯来宗教厌恶知识,重于感情的信仰。佛教却说:"有信无智长愚痴。"这肯定了无知的信仰会造成愚妄的行为,不是合理的正信所以佛教的正信要透过知识的考察,以知识为信仰的基点,解得分明,信得恳切,这才是合理的正信。如对佛法的正确知解愈高愈深,信仰也就愈深愈坚。没有经过知识的信仰,好像很虔诚,其实是非常浮浅。例如害病,祈求神赐予健康。病真的好了,于是信神。然如再有病痛,求神无灵,他的信仰便要动摇了。所以佛教主张从深解中起信仰,确信透过知识的信仰才是深固的。这一点,与希伯来宗教——理智与信仰冲突,完全不同。中山先生也说有思想而后有信仰,这与佛教的从正解而成坚信,是一致的。佛教说信仰的最高度,即与智慧融合一体。可见知与信不但没有冲突,而且是从互相助成而能达成统一的。有了高度的智慧，才有更深刻坚固的信愿，这是说明信仰建筑在理解的基础中。理解不能不说是知识的力能，这是知识的又一长处。

（三）以分别识成无分别智：世间的知识，虽有缺陷而不能证知绝对真理，但如能根治错乱，而引向更高度，即成通达真性的出世间无分别智。有人以为世间的分别妄识不能契见真实，反而是证悟的大障碍，所以一味诃毁分别识。不知道在没有证得圣智前，如不以世间分别识分别善恶，观察真妄，即无从修行。谁能直下从无分别处着手呢！不解不行，怎能证得解脱？所以太虚大师在《大乘宗地图释》中肯定地说：佛法大小宗学，无不从分别意识处下手，以此为修行的关键。若一味厌患分别识（事实上，这些人是误会佛说的"无分别"了），不用分别识为方便，不但学佛者无从信解修习，佛（出世间后得智）也就没有化世的妙用了。某些人似乎一向厌恶分别的知识，而不知人类的明了意识为人类的特胜，而为人所以能学佛成佛的要点。如猫、犬、虫、鱼，它们也是有心识的，但它们的分别意识极弱，极简略，不能善了名言。它们的分别识既弱，私欲也不太强，分别识如为悟证的障碍，它们比我们少得多，简单得多，就该比人易悟真理了。但事实不然，佛只说人类易成佛道。因人的意识分别力比天还强，也唯有强胜的分别力，才能分别善恶真妄，才能痛下决心，依法观行，才能契悟绝待的真性。所以佛法不否认知识本身的缺点，但认为若舍弃了它的缺点，把握它的长处，即是证悟解脱的正因。

有人认为：分别识不能契真，如再以分别识修观，岂不分别愈多，与真理愈远？这是不懂缘起相对性的机械论法！岂不见，如一木,再以一木相摩擦,似乎木积越多,而实则两木相摩,即有火生,火一生起,木也就烧毁了。又如青草,如多多堆积起来,就会生热而迅速朽腐下去。所以学佛而以分别识不断地观察,乃至于定中观察,正观诸行无常、诸法无我、法法空寂,即能契悟诸法的空寂相。在契证平等空寂中,有相的分别识也即泯绝而不起了。故佛教的破除虚妄分别识,决不是一味厌绝它,反而是以它作为引生出世间的平等圣智的前方便。这所以修习方便中,止以外有观,定以外有慧。经中常说:如以小楔出大楔一样(还有如雹堕草,草死雹消;以药治病,病愈药废之喻),没有小楔,深陷在管中的大楔即无法取出。等到大楔取出,小楔也就自然落下了。学佛以分别识观破分别,证入无分别圣智,分别也即断舍了,就与此理相同。

佛教重无分别的智证,但也重视知识,与印度宗教中专重瑜伽、禅定的学派,精神大有差别,所以佛法的特点在观慧。佛法认为:知识虽不能表诠真理,但它有引向真理的作用。如有人问:从精舍去新竹公园,向哪里去?我们就告诉他,从此向北,转几个弯等。他依着指示的方向一直走去,自可达到公园。直观公园的本身,虽无所谓南北,也无所谓弯曲,但我们从此去公园,确有它决定的方向与曲折。如不信所说,以为公园自身并无南北弯曲,我们相信,他就永不能到达新竹公园。分别识而为无分别智的方便,是佛法确认的道理,所以在证入以前,有信解行。

三 现代知识应有之反省

从上面看,知识有缺憾错误的一面,也有优越良好的一面。

知识若向错误的一面发展,会造成人类的无边苦痛;若着重道德与真理而去发展知识,亦能引生人类的无边幸福。知识的本身有好有坏,而不是决定好,决定坏,既不是"妙门",也不是"祸根",问题看我们对它的运用如何!近代的知识进步,人类受到严重的威胁与苦痛,大家应有深切反省的必要。我在菲律宾时,知道西洋神教徒在宣传世界末日的快要临到:现在原子弹的爆炸力,比过去掷于广岛原子弹的威力要大多少倍了,而现在氢气弹的威力比原子弹的破坏力更大;还有死光等武器,比氢气弹的威力更可怕。这些,不都是近代文明的结果吗?所以人类世界,即将接近毁灭的末日了。他们的目的如为了宣传,为了诱惑愚人入教,不妨原谅他们。如认为事实,站在佛法的立场看,绝难同意。我们知道:人类从有史以来,凶恶的武器即不断地出现。可是你有,不久我也有了,谁也不能纯以武器征服谁。或者双方势力相等,虽有凶恶的武器而不敢用,如毒气。或者一种武器出现,有极大的破坏力,但随时又有防御它,甚至克制它的武器产生。所以以新武器的威力,忧虑人类毁灭,宣传世界末日,全是一篇鬼话!真正的问题,是科学发明的原子等,不使用于和平利人,却以此为杀人或控制世界的武器,这才予人类以恐怖威胁的无限苦痛!问题在人类自己对知识的偏向与运用不当,这才发展知识而反被知识所威胁伤害。

近代知识文明的迅速发展,是难得的!但知识发展的路向有两种偏向,造成畸形的病态的发展。

一、精神知识赶不上物质知识:近代的知识发展,先是从物质界发展起,不断地向外追求物质的知识,以物质为对象而考察、研究、实验、利用；因此而忽略了精神。由于起初是重于自然界中天文、地理、物理的知识,慢慢造成了物质的文明。以此偏向物理的方法,去研究生物等——生理学以及心理学,也处处觉到心理受到物理的生理的限制与决定。他们就是研究心理,也是把内在的心识看成了外在的东西(物化)一样去考察。所以研究动物心理、儿童心理、成人心理、变态心理、群众心理等等,都着重在受到物理因素、生理刺激反应,以及受到环境、风俗、群众的影响。近代的知识,不但物质界的知识是物化的,心灵界的知识也是物化的。以此去研究心理,心理便成为物质的属品了。真正有情的生命活动、心理活动,不但从外界去观察,从生理刺激反应等去了解,更应从自身去观察、分析,体验人类内心的自觉活动。心理的无限复杂,无限深奥,决不是现代科学知识向外探求所能彻底了解的。佛法对有情心理的体认,是着重于自身的反省、观察与体验。佛法的定慧,换句话说：即以自心去把握自心,审细地透视自心,这是一种自觉自证的实际体验。唯有这样,才能觉察到心理活动的自觉性、主动性,内心的无限复杂,心性的究极奥秘。若把心识活动当作外在的东西去研究,人便看成机械了。近代的某些统治者,即把人看为机械一样的利用,这才缺乏人性,没有同情,只是尽量发展个己的私欲,利用迫害奴役的一切技巧,以妄想达成控制整个的人类世界。这种错误暴虐的行为,是从知识偏向发展所引起的严重危险。

二、道德赶不上知识：知识的错乱性与私欲不相离,所以知识的发展,最易引起个人自私欲的扩展。然世界的知识,本来也不离向上向善的德性,知识发达而能促成人与人间和平共存,富裕康乐,即应重视道德的发达,至少要做到道德与知识并驾齐驱,使知识受道德的影响,受人类德性的领导,巧为利用,不致由于私欲的过分发展而损害大众的和乐。可是近代知识文明的发展偏向于物质,无形中受着唯物思想的支配,在自然界中,在物理化学、生物学中,是不能发见道德因素的。道德原是人类文化的精神世界的产物。因此西方的物质知识愈文明,人类道德便被轻视、怀疑而日渐低落;固有的宗教道德,也趋于没落。到现在,西方的神教也尽是利用物质的财物作为传教的工具了。以此而宣传宗教,实表示了神教的走向没落。故人类道德在功利、现实、物欲泛滥的今天,不堪回首;西方的部分人士,也要唱出"道德重整"的口号了。站在佛法的立场看,人类知识的发展,应尽量约束自我的私欲,使知识服从真理与道德的指导,趋于道德的世界、真理的境域。若能服从真理,尊重道德,即能防止人类私欲的泛滥,使损人利己的私欲化为自利利他的法欲。这样,知识愈文明,人类所受的实益愈大,也即更接近于道德的真理的境地。可是近代知识文明偏向了功利、物质的一面,忽视了精神的宗教、道德,故人类知识的发展,反成了知识的奴隶;纵我而我愈不自由(我是自在自由义),制物而反为物所控制,这才面临无边的苦痛与毁灭的威胁。有些科学家、政治家,患着原子武器的恐惧病,其实真正可怕的,并不是这些。

近代世局混乱,多少善良人民被关进了铁幕,处于铁幕斗争的世界中,人人变成了仇敌,变成了囚犯。在仇恨、斗争、残酷的世界里,人民还有正常而和乐的心情吗?想毁灭别人,必为自己所毁灭。在自由世界里,据报载:今日美国的精神病也与日俱增,每月约增加一万人,这是多么可怕的报道。人性的疯狂化,忧苦的加增,正说明了现代世界的混乱与苦痛。这并非是原子弹、死光,而是知识畸形发展的结果。故现代的知识文明——西方为主的文明,应有彻底反省,从人类自身的德性求开展,皈向佛法,依于佛法,精进地修学。初步以道德克制情欲的泛滥;深一步,修学定慧,开发自己的无边宝藏,发扬佛陀的慈悲精神,以指导人类的文明。人类能反省自己,克止私欲,体察自心,使知识与道德、物质与精神的知识并进,合而为一,这才是我们所想望的,人类世界新的知识文明。

(录自《佛在人间》,267—296页,本版179—198页。)

一一　关于素食问题

素食——不肉食，千百年来为我国佛教界的传统美德，符合深刻而崇高的佛教精神！唯有具备深厚文化根柢的中国佛徒，才能把它充分地发挥出来，不但成为个人的行持，深入人心，而且戒杀、禁屠，曾影响到国家的政制。素食的意义，虽并不是一般素食者所完全了解，但到底是我国佛教界的优良特色！可惜！近三十年来，复杂的因素侵袭它，素食制逐渐地衰落，种种邪论谬说，大大地流行起来！这不能不说是我国佛教精神可悲的没落！难怪真诚护法的佛子，如印光大师等，要为此而痛心疾首，大声疾呼！

佛教徒为什么要素食？是否一定要素食？能否做到彻底的素食？为什么不能吃荤？这一类问题，时常有人问起。这确是社会人士所容易误解的，一般初学所急需了解的，也是护持中国佛教所不容忽视的。首先，我们要知道：在佛法中，荤是荤辛，指葱蒜薤韭等臭味极重的蔬菜。如大家吃它，倒也彼此无所谓；一人、少数人吃，而大众不吃，那股怪味，别人闻到了是不免恶心的。所以佛弟子避免食它；如由于治病而不能不食，即不许参加群众的集会，以避免别人的嫌厌。佛教遮制食荤，本义如此，与一般所说的不食荤(不食肉),并不相同。至于一般所说的素食,大体上与蔬食及不肉食相近。然依佛法说:佛教徒并非绝对的蔬食(吃菜)主义者,蔬菜中的荤辛——蒜薤等是不食的。也不是绝对的反肉食(从动物而来的食品)者,牛羊的乳酪,是佛所许食的。所以佛法不是一般所想像的食菜、不食肉,佛教徒的不食肉,只是"不杀生"的实践。

不杀生,为佛教处世利生的根本法则。一切戒行——道德的行为,都是以此为根源的。如归依是初入佛门的信行,归依时就说:"从今日乃至命终,护生。"实践护生,就不能不受戒。五戒、十善戒,首先是不杀生。归纳戒善的意义,是这样:不杀,是不伤害他人的内命;不盗,是不侵害他人的外命。尊重他人的身命财产,所以能护人的生。不淫,是不坏他人的家庭和谐,所以能护家族的生。不妄语,使人类能互谅互信,不欺不净,所以能护社会、人类的生。如离去护生的精神,对人对世的一切行为,都恶化而成为不善的邪行了!所以,"护生"为佛法的重要核心,是佛教所本有的,大乘佛法所彻底发扬的。慈悲为本的不杀生、不食肉,都根源于此。

有的主张不妨食肉,有的认为非食肉不可。这些肉食者的见解,极为庞杂,而最欺人的,是挂起一面虚伪的科学招牌。认为:我们不能不杀生,非杀生不可;所以从不杀生而来的不肉食,毫无意义。他们以为:草木也有生命,所以蔬食还是不免杀生。又以为:素食(不肉食)是不能彻底的,饮一口水,水中就有多少生物!吸一口空气,空气中就有多少生物!如真的不杀生,不肉食,那就不能饮水,不能吸空气,唯有死亡而已。又以为:如基于仁慈的见地,如儒家的"君子远于庖厨"等,那只是不彻底的自我欺骗。这种见解,在一般社会人士,可说情有可原。如部分的佛教徒也附和而如此说,这不免太笑话了!听说日本的佛教界,也有这种类似的见解,我很难相信。日本的佛学,听说相当昌明,怎么会说出这种外行话来?也许偶有不入流的学者,顺从口舌而附和世俗的谬说吧!

佛法所说的杀生与不杀生,有着善恶——道德与不道德的性质。这不属于物理化学的科学世界,也不是显微镜与望远镜底下的东西(在物理科学中,善与恶是无法分别的);这是属于情理参综的道德世界,心色相关、自他相关的有情世界的东西,应从情理、心境的关系中去说明。先从所杀的对象来说:杀生,指杀害有情识的众生(近于一般所说的动物)说。有情识的众生,都有求生恶死的意欲。如受到伤害或死亡,会引起恐怖、苦痛,引起怨恨、愤激、敌对的行为。例如人与人间的相杀,会造成彼此积怨,相仇相杀的敌对情形。草木是无情识的众生,虽也有繁殖、营养等生命现象,但受到伤害时,仅有物理的反应,而不会有心识的反应。如砍伐草木,不会激动草木,引起彼此相仇害的敌对性;更不影响自己,保有残杀的业感力。所以佛法所说的杀生,着重在对方有否心识的反应,会不会因此引起相仇相敌的因果系。"食蔬也是杀生"的论调,显然没有弄清楚这种事实,没有明白杀生所以要禁止的真实意义!

佛法的杀生,专约有情的众生说。虽是一样的有情,由于对人的关系不同,杀生的罪过也有轻重。如杀人,这是重罪。如杀害对自己、对人类有恩德的父母、师长、圣贤,那是罪大恶极了!

如杀害牛羊鸟雀虫鱼,虽是有罪的,但过失要轻得多。同时,杀生罪的构成,应综合杀者的心境来论定。这又可略分三类:一、明确地知道对方是有情,由于贪、嗔、邪见,经审虑而起决定杀害的意欲。这样而杀人,固然是极重罪;杀畜生,罪过也还不轻。二、如牛羊虫蚁等众生,不但应该避免杀害,也是可以避免杀害的。如不能警策自己,漫不经心地在无意中伤害它,这虽然有罪,不过是"恶作"轻罪了。三、如杀伤时,不但没有杀害的心,也没有知道有众生,这如平常的饮水与呼吸一样。这即使有所伤害,是不成立杀生罪的。佛法所说的杀生,指构成罪恶的杀生;这与世间的法律大体相近,不过彻底一些罢了!如世间的法律中,蓄意杀人,无意中过失杀人,犯罪是轻重不等的。又如失性的狂人、愚骏的幼稚,即使无意中造成伤害的事实,也不成立杀罪。

佛法所说的杀生与不杀生,是合情合理的,不是难懂的。而挂起科学招牌的杀生论者,却把它混沌一团,看作无关于情理、心境的——非人的事实。这才从不能避免杀生,作出不妨杀生、非杀生不可的结论。照他们这种见解来推论,世间不免斗争,就应该不妨残酷地斗争,或非残酷地斗争不可。对于反对残酷斗争,而倡导不相侵害的和平,也应该被反对了。这些杀生论者,不是别的,是真理与道德的抹煞者!如佛教徒而附和此说,那无疑是"破见"的痴人!

有以为:佛教徒,就是出家的僧众,也不妨食肉。因为依据经律的记载,释尊与弟子都是不禁肉食的。到现在,锡兰、缅甸、暹罗的僧众,生活起居,还近于印度旧制,也都是肉食的。蒙、藏的喇嘛，日本的僧侣，也都是如此。这可见，不肉食是中国内地佛徒的特殊习惯，并非佛教徒必守的规戒。这种依据各佛教国的事实来说明，看来极有道理！然而这里有一先决问题，不能不弄明白——佛教以护生为处世利生的指导精神，以此为崇高的理念，而使人从实际的生活中，不断向上进步。这必须透过时地因缘，从可能处做起，逐渐地提高扩大，不能一概而论，成为空洞的高调。所以佛法有人天法、出世法等级别。我们应该谅解渐入的方便的，引导而进入彻底的究竟的法门，而不能偏滞于不彻底的部分。

不错，印度佛教——佛世与后来的弟子们，是肉食的，然而并不杀生。在戒律中，不但严禁杀人，并不得故意害众生命；连水中有微虫，还得常备漉水囊，以免无故的伤害。不杀生，无疑是佛法严格贯彻的。然因为佛与弟子过着乞食的生活，只能随施主家所有的，乞到什么就吃什么。佛与弟子决不许为了口舌的嗜好，亲自去伤害众生，或非要肉食不可。为了游化乞食的关系，随缘饮食，不能严禁肉食。既不起心去杀，也非专为自己而杀。这虽然肉食，并不曾违犯杀生戒。所以当时的肉食制，也有限制：对于施主供施的肉食，看到他为自己而杀；或者听人说是为了自己而杀的；或者疑惑是特为供养自己而宰杀的，就谢绝而不受。因为这样的肉食，众生由我而死，本是可以避免的而不知避免，是违犯不杀生的。佛法的遮禁肉食，并不因为它是肉，而因为是杀生。一般不知道不杀生的意义，不知为了不杀生而不食肉，并非为了是肉而不食肉，这才不免异说纷纭了。这样，过着乞化生活的比丘，只要是不见不闻不疑，肉食是不犯杀生戒的。然而如受某一信徒的长期供养,那就应该告诉他,不要为自己而特设肉食。否则岂不明知他为自己杀生,怎可推诿为佛所许可的!如肉食惯了,觉得非肉食不可,这是为味欲所拘缚,即使他是锡、缅、暹等地的僧众,也是根本违犯了佛陀的慈训,丧失了佛教的精神!

　　佛教的出家制,本是适应印度当时的乞食生活。在这种生活情况下,对于一般食物,是无法十分拣择的,只能有什么吃什么。这是适应时地的方便,在释尊的悲心中,决不以三净肉为非吃不可。所以将佛陀精神充分地阐发出来,在《象腋》、《央掘》、《楞伽》、《涅槃》、《楞严》等大乘经中,明朗地宣说:佛弟子不应食肉。食三净肉是方便说,食肉断大悲种,(故意杀生)食肉是魔眷属。大乘不食肉的教说,是绝对契合佛陀精神的。这并不是一种高调,是适合实情而可行的。因为比丘们起初虽过着乞化的生活,在佛教发扬时,得到了从国王及信众布施而来的广大土地,虽由净人耕作,净人送供,而实是自己的东西。一部分,受某一信徒的长期供养(还是每日托钵的)。沿门乞化(临时上门乞化,或得或不得)的生活,逐渐变质。在这种情形下,如比丘而肉食,当然是为了自己的嗜欲而肉食,怎能说不犯如来的禁戒?所以大乘隆盛的时代,坚决地反对肉食。又如我国的寺院,都过着自耕、自买、自煮的生活。如我国的僧众而食肉,试问怎能不犯如来的禁戒?不要说大乘,声闻律也是不会许可的。有些为了自己要吃肉,而引证锡兰、缅甸等僧众的肉食为例,解说为中国僧众也不妨吃肉,这是不究实情的、顺从私欲的妄说!

　　蒙、藏的佛教徒,也是肉食的。蒙、藏为畜牧区(印度与中国内地,都是农业区),主要的食品离不了牛羊。在这种环境下,不肉食是不大容易的。比例于乞食生活而受三净肉的方便,蒙、藏区的肉食,如能不自杀,不教他杀,是可以的,不犯杀生戒的。

另一肉食的主要理由,蒙、藏所重的佛教,是秘密乘,与声闻乘及大乘,是多少不同的。显教大乘所崇仰而趣求的佛果与菩萨大行,是大悲大智,示现柔和忍辱的慈容,特别表现了慈悲的德相。以此为典范来修学,重于慈悲,所以不食肉为信徒的戒行。密乘所崇仰的本尊,是(说是佛菩萨化身而)表现为忿怒、贪欲的夜叉、罗刹相。以欲界(三十三)天的夜叉、罗刹身——执金刚为理想,自己生起我就是金刚的天慢(也名为佛慢),向夜叉、罗刹学习,希望自己能成就夜叉相的金刚身。夜叉与罗刹,一向是饮血啖肉(残害人类),邪行淫乱。在声闻与菩萨藏中,降伏他们,教化他们,要他们不再血食,远离淫乱,不杀生类,护持佛教。而密乘呢,向他们学习、看齐,所以学他们那样的肉食,向他们看齐,当然非肉食等不可。听说,食肉对于淫欲为道,是极有意义的。

从环境说,蒙、藏区的肉食,是不得已的方便。从信仰说,发心修学饮血啖肉(说是佛菩萨化身)的夜叉法、金刚法,这是密乘学者的信仰自由,我们无话可说。对于现夜叉、罗刹相的本尊,当然不能以人的道德,以示现慈悲柔和相的菩萨行来批评。不过我们的浅见,总希望依菩萨乘法而化夜叉,不赞成依密乘而夜叉化。

约环境,约信仰,蒙、藏佛教徒的肉食,值不得批评,也值不得效法。如秘密乘而传入农业区的中国内地，肉食惯了，不能不肉食，就大有问题。不过中国的佛徒，既然想修学饮血啖肉的（说是佛菩萨化身的）金刚法，发心向夜叉、罗刹看齐，那我们没有别的，只能寄予慨叹的同情！但愿不久的将来，不致变成罗刹、夜叉的世界。

然而受有蒙、藏佛教影响的肉食论者，离奇的解说愈来愈多。有的说：学密而非肉食不可，为了破执。这个世界，充满了肉食者，不肯素食者，不提倡素食以破肉食论者的妄执，却一味向少数的素食者，引诱他们肉食，这是什么道理？难道肉食的密乘，专为少数的素食者而说教吗？有的说：我们肉食，是为了要度它。照他们的解说，为牛羊加持念诵，就与它结得度的因缘了。假使真是为了度它，难道不想度你的父母，度你的儿女，为什么不吃你的父母、儿女？如以为父母、儿女，另有更好的度法，那么普度众生，蜈蚣、癞虾蟆、粪蛆、蛔虫，这一类众生，难道不用度它？为什么不吃它？肉食论者的一切诡辩终归徒然！老实地说吧：为了要吃它，所以说要度它；哪里是为了度它，所以要吃它！

一分内地的佛教徒，既不生长畜牧区，又不奉行秘密教，却援引蒙、藏佛教徒的肉食，为自己的肉食作辩护，真是可怜可笑！

日本佛教，过去承受中国的佛教；一直到现在，真宗而外，大本山还过着素食的生活。从真宗开始，带妻食肉，其他的宗派也跟着学，这才渐与中国佛教脱节。日本佛教，虽有僧侣，但大都不曾受出家戒；实际上，可说是在家众的佛教。说日本佛教是超脱声闻乘的出家制，进入在家本位的菩萨乘，倒不如说是从出家的声闻制,退居一般的人乘。日本佛教徒的肉食,我们是不应该用严格的、崇高的标准去评论他们。

护生,是佛教的根本精神。这是一贯的原则,而在实践上,是不能不适合环境,不能不适合根性的。从环境说:或由于乞食制,而方便地许受三净肉;或由于畜牧区,而方便地习行肉食。这只要不自杀、不教他杀、不直接为自己而杀,肉食是不违背不杀生戒的。然如中国的僧众,自买自煮,这是无论如何,肉食总是有违犯的。环境有它的特异性,不可一概而论。而佛法的大悲护生,应始终作为最高的理想,切不可偏执方便来反对究竟!

从根性说:如真为大乘根性,学大乘法,那应该绝对地禁断肉食,长养慈悲。如是着重为己的声闻,如来有三净肉的方便。如为一般信众,既不曾发出离心,更不曾发菩提心,实还是仰望佛法的人天乘。这除了不得杀人而外,对于畜生类的杀伤与啖食,虽然是杂染的、过失的,却不能严格地苛责。因为无始以来,颠倒轮回,众生一向是如此的。为了引导他们趣入佛法,不妨于白月黑月(中国通用朔望),或六斋日,或短期的,勉励学众来严持不肉食戒,以为趣入佛法的加行。换言之,对于一向肉食的信众,一下子禁断肉食,不如方便地渐次引入的好。

中国佛教徒,素食惯了,每误会为"学佛非素食不可"。对于学佛而肉食的,存着轻蔑心、毁谤心。这不但使肉食者不敢学佛,更引起肉食论者的邪谬反应。肉食者肉食惯了,或者舍不了口舌的滋味,于是乎造作种种理论,从不妨肉食,说到非肉食不可。不但学佛可以食肉,而且反对素食者。以肉食为合理的,应该的;反对素食,破坏素食的种种道理,都是不成道理的道理!

希望劝人肉食,而自己非肉食不可的朋友,少作谤法恶业。朋友!这是断灭佛种的谬说呀!

(录自《教制教典与教学》,95—108 页,本版 56—64 页。)

一二　答苏建华居士

居士读《妙云选集》，发现问题，来函请为解答。谨答一二，希慧鉴也。

常道，对方便道说。菩萨常道，并非太虚大师创说，乃大乘法门之共轨也。大乘以成佛为宗极；菩萨发心，于历劫生死中修行，积集广大福慧资粮，以之利他，即以自利，展转增广，终乃圆成究竟佛果。此乃大乘通轨，虽法门无量，意趣则一。或愿生人中、天上（非长寿天），或愿生无佛法处，或生其他佛土：悲心广运，历劫修行，为菩萨特有之胜德，非急于自了生死者之可比。

大乘法中，有念佛法门，是易行道、方便道。龙树菩萨《十住毗婆沙论》云："汝言阿惟越致（不退转）地，是法甚难，久乃可得。若有易行道，疾至阿惟越致地者，是乃怯弱下劣之言，非是大人志干之说。"马鸣菩萨《大乘起信论》云："众生初学是法，其心怯弱。以住于此娑婆世界，自畏不能常值诸佛，亲近供养，惧谓信心难可成就，意欲退（大心）者，当知如来有胜方便，摄护信心。谓以专意念佛因缘，随愿得生他方佛土。"无著菩萨《摄大乘论》云："别时意趣：谓如说言：若诵多宝如来名者，便于无上正等菩提已得决定（即不退）。又如说言：由唯发愿，便得往生极乐世界。"依印度大菩萨之开示,方便易行道,乃对初学者,根性怯弱者所设之方便,用以维护信心,免其退失大心。法门之用意在此,与一般中国人所说不同。且念佛,得不退阿耨多罗三藐三菩提心,乃通于一切佛,如多宝佛、弥陀佛。"闻释迦牟尼佛,称其名号,善根成就,皆得不退转于阿耨多罗三藐三菩提心",出《观音菩萨授记经》,非念佛但指阿弥陀佛也。且念佛之念,乃系心一境。或系念佛功德,或系念佛相好,或系念佛名号,或系念佛实相。如《大品经》云:"无所念,是名念佛。"念佛法门是易行道,然亦法门广大。中国之念佛者,舍一切佛而专念阿弥陀佛;舍功德、相好等而专称名号,使广大法门狭而不广,拘而不通! 吾人应依经论所说,勿信末世人师! 如自觉根性怯弱,尚不堪大心久行,则修易行方便道,如称念阿弥陀佛等,借此维护信心,自属合理。如谓末法修行,非此不可,非此一法门不可,则是偏见曲说,故与经论相违!《大集经》悬记,念佛得度生死,亦是维护信心,渐度生死之意。且念佛亦多矣,何必如某大德所说!

某大德所说,专重恶业。意谓人多恶业,易堕恶道。如不能今生了脱,未来几乎无望。此等言说,用以激劝修行则可,论理则似是而非。盖知恶业之可畏,而不知功德之殊胜也。如求人天功德,则福报愈大,堕落之危机愈多。然佛法中,正信三宝,心期大觉,所有功德,不可与人天功德相比。学大乘人,所有功德,悉以回向。如云:"愿以此功德,回向于一切,吾等及众生,皆共成佛道。"一切为佛道,为众生,则与佛及众生有缘。来生得生人间(天上),见佛闻法,善知识之所摄持,必也功德展转增上。佛法中之功德,岂恶业所能及! 故经谓"一历耳根,永劫不失"。

经谓发菩提心者,永不失坏。虽或堕落,以菩提心善根力故,迅即解脱。若于佛法得正知见,则"若人于世间,正见增上者,虽历百千生,终不堕地狱"。佛法,尤以大乘善根之殊胜,为难可及也!善既胜恶,又不为人天善根自误,此所以能历劫生死而行菩萨道也。释迦佛初发心时,逢古释迦佛,略申供养。以此功德,展转增胜,乃得圆成佛道。吾人为释迦弟子,释迦佛之本行,岂非学佛人最佳榜样!

太虚大师学发菩萨心,学修菩萨行,鉴于世之学佛者,大多逃空遁世,不为世间正常善业。以大乘之名,行小乘之实,故举"人生佛教"以为劝。今既生而为人,即应不废人生正常之善行。以此功德,回向佛道,即是大乘行。大师逝世,或称其上升兜率,此亦善颂善祷之词,非大师本人之事。称其上升兜率,以兜率天有弥勒菩萨。大乘经中,每有菩萨自兜率天来,智慧善根殊胜。盖以兜率天有一生所系菩萨,当来成佛,可以亲近。又如未来弥勒下生,则生兜率天者,或随佛下生,为佛弟子,直往菩提。以此,故俗以上升兜率为颂也。兜率天有弥勒净土,亦属易行道,为心性怯弱者说。弥勒净土,以归依三宝,受持五戒、八斋,作福,念弥勒名号,即可往生,不必"一心不乱"。兜率天与此世界,同属欲界,同属散地,同在一世界之内。对此土众生说,则往生为易,故虚大师亦曾宣说之。总之,佛法本自无诤,一切皆可贯通,惟偏执一佛一经一咒者,乃障法界耳!

(录自《华雨集》五,257—262页,本版174—176页。)

一三　答张展源居士

　　来问,不容易解答,只能依自己对佛法所有的理解,略作解说以相报。

　　佛法怎样解说这些问题?应先了解佛法(释迦佛所开示的)是什么。面对现实解决不了的问题(解决不了的就是苦),佛法是反观自己,从自己身心触对外界所引起的情况去了解。理解到有情、人类自身、家庭、社会等问题,一切依有情(人类)自身而有,然后得出可能解决有情苦难——相对的改善,彻底解脱的正道。佛法以有情(人类)为本,有情以业感而生死不已;有情依存的器世界,是多数有情的共业所感。因此,佛法着眼于现实人生,关要在"现生应该怎样行",而不是离开自己,向外探求,找到问题症结而得到解决的方法。也不想像一神秘实体,怎样的创造、演化,而从神秘信仰中去解决。佛法是这样的,所以提出的问题,大抵是佛法所没有说到的。

　　植物先于动物问题:有情依自己业力而死生不已,器世界是多数有情的共业所感。佛教也说:世界初成时,是没有有情的。佛法所说的器世间,众多无量,不限于这一地球,所以器世界初成而没有有情,并不等于先有器界而后有有情,世界是相关的世界中有情"共业"所感的。有情的出现,一要有依住的器世界(如地球),二要获得维持生活的食品。经说"一切众生[有情]皆依食住",所以先有器世间,后有植物,依环境的可能生存,才有有情在这一世界出现。先有植物而后有动物,与佛法(的共业所感)没有明显的矛盾。

动物(如恐龙)绝种问题:绝种,人也是一样,古代某些民族,现在已经消失了。依佛法说,这是外力与自力的相关而造成的。或是器界的变化(如传说水灾、火灾、风灾)而无法生存;或是为另一类有情所摧残而不能自保。这是外力而自身不能适应与抗拒,也有自身不健全而日渐消灭。消灭,并不是某些有情消灭了,是依业力而转化为另一形态,所以经说:"众生界不增,众生界不减。"

人从猿猴演化而来问题:佛法,着眼于在迷应离恶而行善,向悟应化情而为智。对人从哪里来?释尊只是依据当前事实,说人从父母而生,不再作"鸡生蛋,蛋生鸡"式的最初的探求。部派传说:世界初成,人从光音天来,也只是随顺印度一般的信仰而说。这一问题,只能说佛没有提到这一问题,佛法不是为了解说这类问题而出现世间的。不过佛法也说:器界与人类,有进化、退化、进化、退化,先后的反复过程,永远的进化是没有的。

(录自《华雨集》五,285—288页,本版191—192页。)

一四　答曾宏净居士

一、世间是不彻底、不圆满的。佛法流传在世间，也不离"诸行无常"，终于要衰灭的，所以前佛与后佛间，隔着没有佛法的时代。现在的佛法，是释尊成佛而传出的。释尊成佛说法，后人可以依法修行，究竟解脱，正如"只要善用这些定律、定理、公式，即可解决很多……问题"。但是，如人人如此，又怎会出现无师自悟的佛呢？科学家也是"做过许多的尝试、探讨，才获得……更精密的结论"。释尊在修行时，不急求自证，而重于为人。如"搏土譬喻"（等）所说，一切都过去了。然业力所感的有漏果报，虽归于灭尽，而悲愿、智慧等流因果，却越来越殊胜（等于科学者尝试的错误与失败，不只是错误与失败，也是经验的累积），这才能无师自悟，发见正法而化导人间。佛——过去的菩萨心行，与声闻弟子是有点不同的。《杂阿含经》也说到了菩萨。没有菩萨，就没有佛，又哪里有多闻圣弟子（声闻）？如"搏土譬喻"所说，就是释尊的"本生"（南传"本生"共五四〇则）。归纳"本生"的内容，不外乎六度。菩萨长期修行（六度）而成佛，修行以般若为先导，是声闻弟子所公认的。修菩萨行而成佛，是不容易的"难行道"，所以《般若经》说：无量数人发心修行,"难得若一若二住不退转"。菩萨行不易,所以如来出世,如优钵昙花,极为难得!佛法是"向灭向舍"的,灭是苦集灭,也就是寂灭(如说"生灭灭已,寂灭为乐")。《阿含经》说:有"见灭"而不是证知的,如见井中有水,而没有尝到水一样。菩萨的无生(寂灭的别名)忍,如实知而不证,也是这样;由于悲愿熏心,到究竟时,才证成佛道。《般若经》的都无所得,正是离戏论而向于"灭"。《中论》所说:缘起即空(寂),正是声闻、缘觉、菩萨——三乘所共的正观。初期大乘的菩萨行,与原始佛法是相通的。西元三世纪起,后期大乘兴起,如来藏、我、自性清净心说流行,自称不共二乘;然修广大行而成佛,原则上还是相同的(秘密佛法,才说"即身成佛")。

二、佛法的本质是甚深的,所以释尊成佛,有"不欲说法"的传说。为时众说法,如根性不相当,即使引起信心,也未必能证入。所以释尊说法,大抵先说"端正法"——布施、持戒、修慈悲等定。如有信解深法可能的,再说缘起、八正道(综合就是四谛)等。能信解而不能证的,使他渐渐地养成法器,然后能修能入。所以,释尊说法是有方便的。南传说:佛法宗趣,有"吉祥悦意"(世界悉檀)、"破斥犹疑"(对治悉檀)、"满足希求"(为人悉檀)、"显扬真义"(第一义悉檀),这就是编集为四部阿含的理由。"方便"是不能没有的,虽说"正直舍方便,但说无上道",而又说"更以异方便,助显第一义"。大乘的异方便(六度,建[佛]塔,造佛像,供养,礼佛,念佛),也就是"易行道",是重信的。《杂阿含经》也有念佛等方便,如念佛;念佛、法、僧;念佛、法、僧、戒、施、天——六念。心性怯劣的,如独处时,荒凉的旅途中,疾病而濒临死亡边缘,可依念佛等而心有所安,不失善念,近于一般的宗教作用。这是为信强慧弱人说的,如于佛、法、僧、戒,能修到信慧相应,也有证果的可能,就是四证净。大乘法中,由于菩萨道难行,也就有易行方便——礼佛,称念佛名,供养佛,佛前忏悔,请佛说法,请佛住世,随喜佛及圣者等功德(《阿含经》也有"随喜"),回向佛道:这是以佛为中心的易行方便。依龙树《十住毗婆沙论》,易行方便,可以培养佛弟子的坚定信心,引发悲愿,而趋向菩萨广大难行的。后来偏颇发展,以容易修行为容易成佛,这才越来越偏失了!方便是应时应机而不能没有的,偏向的可以纠正,不合时宜的可以不用;要有更适合时代的方便(不违背佛法),佛法才能长在世间。

三、修行证果,是不限于出家的。证得初果、二果的在家弟子,还是有家庭、男女,从事正常事业的。在家而证三果的,才远离淫欲。证得四果阿罗汉的,才一定出家;也有部派说"有在家阿罗汉"。在家弟子能证究竟的圣果,是释尊时代的事实。佛涅槃后,弘法以出家的僧伽为中心,这才渐渐地误解,以为求解脱非出家修行不可。佛世的出家弟子,是少事少业的,每日乞食以后,大都在僧团中(依戒律而住),闻法,修习禅慧,比较上容易修证些。但现在,缺乏适于专修的寺院,有的是"着了袈裟事更多"。如出家而独处修行,依自己的财物而生活,也不合律制。佛世的出家生活,为自己的生死而精进修行,当然是大好事!但如出家众过多(未必能真实修行),或寺院过于富有,在一般世俗心眼中,会引起反感的,这也是中国佛教教难(如三武一宗)的部分原因。西元前后,印度传弘菩萨的难行道,以悲济众生(人类为主)为先,受到大众的赞扬,也正是适应了人心。所以,我尊重原始"佛法",又赞叹"大乘佛法",因为没有菩萨行,是没有佛果的。我赞扬如实道,也不反对重信的方便道。如念佛行人,能正信三宝,兼重施戒,有利于人间(也就有利于佛教),能于佛法中深植善根(佛法不是只说今生的);有的渐渐地转入如实道,或修习信、施、戒——近于六念法门,不也是很好吗?但如废弃如实道,只要一句佛号;或误解"易行"的意义,即使普及到人人如此,无边兴盛,我也还是不会同情的,因为佛法并不如此。

我希望佛教的渐渐纯正,纯正的佛法,能适应现代而复兴!

(录自《华雨集》五,289—293页,本版193—196页。)

附录
居士学佛之程序

——民国十五年元旦在浙西弥勒阁作

比年以思想学说之混乱,及军争政变之频仍,民生益以凋敝,人心陷于烦闷;觉世间之无怙,谋解脱之不遑,种种似宗教非宗教之旁门邪道,遂渐繁兴,而夙具善根者因之发心学佛亦非少数。风气一开,从习弥众。然或盲从他人以附和,自无中心之所主;或好奇趋时以标榜,惟任妄情之所驰;或徒托佛以逃世;或更借佛以沽誉;斯由学无程序,凭虚迈往,故虽值至平极正之佛法,致仍流入歧途,难获良效!窃谓佛法之近益人世者,即在五戒、十善,斯本与儒者人伦之常德相准,而亦与诸教诸学之明哲贤圣所期者不违。第佛之戒善流出于最上清净之大圆觉海,故即由戒善可上阶出世解脱,遥达无上菩提,使近为人中之贤哲,远引佛果之圣德也。语云:"白刃易蹈,中庸难能。"今之学佛者,每不能笃于信解戒善而好骛浮夸,殆亦由乎是。夫居士学佛与出家僧众异:出家僧众乃少数人之住持佛教,专务内修外宏者也;而居士学佛,则期以普及乎全人类,风俗因以淳良,社会由之清宁者也;由遵行人伦道德,养成人格而渐修十善菩萨行者也。故兹不辞庸拙，请一言居士学佛之程序焉。

一、有普通学识之人，或因人劝导，或因事感怀，将发生修学佛法、信从佛教之心时，须先渐次请取佛学门径诸书籍，若商务印书馆之《佛学易解》、《佛学大纲》、《印光文钞》，武昌佛经流通处之《释迦一代记》、《佛学导言》、《觉社丛书选本》、《佛教问答》、《大乘教义》，上海佛教居士林之《释迦牟尼佛略传》、《唯识方便谈》、《唯识易简》、《唯识三十论纪闻》、《世界教育示准》、《宏道居士论佛书稿》第一第二集、《佛法万能中之科学化》、《佛教初学课本注解》、《百喻经浅释》、《佛学寓言》、《了凡四训》、《戒杀放生集》、《戒淫拔苦集》、《初机净业指南》、《往生安乐土法门略说》、《龙舒净土文》，莲池大师《竹窗初笔》、《二笔》、《三笔》，上海医学书局之《佛学撮要》、《入佛答问类编》，拙著之《佛教各宗派源流》、《道学论衡》、《唯识新论》、《佛乘宗要论》、《人生观的科学》、《大乘与人间文化》、《庐山讲演集》，缪凤林之《唯识今释》，景昌极之《佛法浅释》、《佛法与进化论》，武昌佛学院之印度、中华各地佛史，及上海居士林各期林刊与各期《海潮音》月刊等，涉略研读，数月可以卒业。由是，认识佛教大概之真相，三世因果，五趣升沉，生死之轮回，涅槃之解脱。既经完全肯定，则信心自然生起。如是信心，乃由胜解乐欲而发，是真信而非迷信，庶免盲从偏蔽之弊。

二、既由了知佛法大概之真相，生起信崇之念，则当进一步以求坚定此信心，从一大德沙门乞受皈依佛法僧宝之三归。此受三归，即为将内心信崇佛法僧之真意，公布于世出世间圣凡大众之公布仪式。经此公布之后，世出世间圣凡大众，即公认为信佛徒众中之一分子；而已身已为从佛法中所化生之一佛教徒的新人格,亦因之确定。经此公布归佛法僧之一阶级,最关要者在舍邪归正。云何归正？既从此唯以佛为师,以佛法为学,以修佛法之僧为友。换言之,即从三宝中新生得一新身命,如赤子之完全归投于三宝慈怀中也,故云归命三宝。云何舍邪？外之则永舍世间种种非清净、非解脱、非正觉之邪教、邪说、邪师、邪友,及所起邪行；故受归后,应持纯正之佛教徒态度,处处高标佛教特胜之点,而不与异道及流俗苟同,信心乃能纯洁。内之则渐舍世俗之悭贪等心,能去奢节欲,而以所余修植福田。福田有三：一曰恩田,对于若父母等有恩者,不吝财力以为报酬；二曰敬田,对于崇佛宏法供僧以尊奉有德之事,不吝财力以为布施；三曰悲田,对于世人乃至畜生等,遇其种种艰难困苦之事,不吝财力以为济度。故受归后,应即成为一乐善好施之人。

三、由受归行施之善信纯熟,审己之所能行持者,进从大德沙门乞受持五戒。五戒者,人道之纲纪,心德之根本也。然受五戒,不必一时皆受；盖在家居士处于习俗之中,复关职业之别,或受持一戒,若不杀生,若不偷盗,若不邪淫,若不妄语,若不饮酒、吸鸦片等,均可。一戒既能完全受持,进受二戒：若不杀生,不偷盗；若不偷盗,不邪淫；若不邪淫,不妄语；若不妄语,不烟、酒；若不烟、酒,不杀生等；均可。能持二戒清净,进受三戒；能持三戒清净,进受四戒；能持四戒清净,乃进而完全受持五戒。此之受持戒条,贵在实行,非可以务名之心出之,妄云吾能受持几戒或全持五戒,而实际上或故犯覆藏,或误犯而不忏,已受而不持,譬之知法犯法,罪加一等。又,不受而行杀等,不过恶行;受而毁戒,又加一毁佛戒法之罪,及欺罔佛圣、诳取名闻之罪也。故受戒之前,大须审慎!受戒之后,时切检点!每日当立一所受戒条之持犯格而审查之,一日能持净无犯,则可纪功;如稍有所犯,则当发露勤求忏悔。久之,纯洁无疵,则心喜身泰,即有君子坦荡荡之乐,虽处人世,无异天堂。如已受此戒而自审不能坚持者,则须重向一大德沙门,当众公布退除,免招破坏佛戒之大愆也。此受五戒,重在止恶行善之四字。所戒除之杀等,止为止恶;在于行善,即为儒家仁、义、礼、智、信之五德。唯佛法尤重止恶,盖能止恶而行善,则为无恶之纯善,虽行善而不能谨于止恶,则不成无漏清净之善,其程度仅等于但受三归者之随喜行善而已。故止恶二字,为五戒较三归进一步之特征,居士之学佛者不可不知也!诚能集合受持五戒之人而成一家、一乡、一邑、一国之群众,则眷属未有不和乐,邻里未有不仁美,风俗未有不淳善,社会未有不安宁。由身修而家齐、而国治、而天下平,庶可征之行实耳。窃愿居士之学佛及居士之提倡佛教者,能以此交相勉励激劝而深深注意焉。

四、能受五戒,恒持清净,则为人中贤圣。更进一步,当短期学习佛所行之纲略,受持八关斋戒。关者,限期关约之意,亦关闭一切恶行之义。故受持八斋戒法,最短者,期以一日一夜,稍长,则二日二夜,或七日七夜乃至百日百夜,在行者随意期约。在乞受时,向大德沙门,将愿受斋戒若干期日夜当众陈告。由大德依法授与之后,则在期约之内,居于佛寺或净室中,等同短期出家,全屏世间一切习染嗜好。恭对三宝,凝摄六根,昼夜精进无间,如佛尽形寿不杀、不盗、不淫——完全断淫,非但不邪淫也、不妄语、不饮酒、不香花严饰——服坏色缦衣、不坐高广大床、不持金银财宝及过往歌舞观听、并持不过午时之斋——此之持斋,谓不过午食,非但蔬食而已。而行者亦于所约定之期限内,如是行持,自一日夜以至百日夜,关闭诸恶,止息游戏,脱离俗染,节减食睡,近之则成为新濯新浴之一高尚严洁的新人格,远之则上通于如来清净法界海流。在常为职业所缠而可短期静修者,犹为特胜之方便也。此短期精进之所行,其功力每有胜过于持五戒数年者,故此亦为居士持戒之加行——居士,应曰近事士、近事女,今从中国习惯之称呼,姑仍名居士。实则居士乃隐居不仕之士,或素封端居之士,非必学佛者之称也。虽未受五戒,或未受三归者,亦可行之;然以已能受持五戒者,用为短期加行行之为更有功效也。

五、能长守五戒或短持八关斋戒矣,若更求增进,则当净意地之烦恼毒,而进持心戒,此即崇行十善:身不杀、盗、淫,口不妄言、恶口、两舌、绮语,意不贪、嗔、痴是也。止身恶同于五戒;止口恶则别开出两舌、恶口、绮语三条,益加严密;净除意恶,则为十善行不共五戒之特胜点。然十善行,乃众圣之大本,万德之宏纲,枝条无量,繁细难尽,二地菩萨才能持净,至成佛时乃能圆满,凡僧不易精严,何况居士?故当就其中之尤重者,标举为相,俾可遵从。故当向菩萨沙门乞受梵网之十重戒而严持之可也。推而广之,则由摄律仪而摄善法也,而饶益有情也;菩萨万行胥在乎是;惟智者之超然自达而已!

六、第一、第二,在养成信解,第三、第四、第五,在习行戒善。

夫学佛之道，以起信为母，而持戒为基；信具、戒就，则本立而道生，乃可进修定、慧。定、慧若非有真信、净戒贯持其中，则定未有不为杂魔之邪定，慧未有不为缚染之狂慧也。外道旁门之流，唯以邪定陷人；世智辩聪之辈，每将狂慧惑世，是皆无上来信根、慧根之故也。修习禅定，即修止观，圣教中向以不净、慈悲、缘起、数息、念佛五种止观为方便。此中不净、慈悲、缘起三观，分别对治贪、嗔、痴三惑，修之匪易；数息兼治昏乱，为修定之要门；念佛总伏杂染，乃离障之捷径。今以华土之传习，可更加礼佛、称名、诵经、参话、持咒之四种。前所云念佛，实为凝心以观念佛之功德、相好为法门，此于念佛中别开出礼佛、称名二门：礼佛，即严供经像，常课或定期勤行礼拜，礼拜时观念佛等功德相好，三业恭敬，久之，定心现前，亦为修念佛三昧。称名念佛，即口称佛菩萨等名号，而心维其胜德，出于《无量寿佛经》及《佛说阿弥陀经》之建立，所谓执持阿弥陀佛等名号，若一日乃至七日，而获一心不乱之三昧者是也。约不净、慈悲、缘起三观之精意，而为诵经、参话头二门：以诵经既能照悉心中烦恼分别，渐伏贪、嗔、痴等；而参话头尤能使贪、嗔不行，直捣愚痴也。诵经，即常诵《般若心经》、《法华经》等之一经，如因诵《法华经》而得定，即为法华三昧等。参话头，即抱持父母未生前本来面目等一句话头，穷参力究等。持咒，在通常之照音称诵，殆与诵念经佛无异；其受真言密教之传授，依一定之仪轨，设特立之坛场，身手结印，心观字种，同时口诵真言，三业玄密相应，行者因心与本尊之果德同融于六大无碍之交加相持中，则更能总摄前来诸观而速疾成就也。上之各种止观，或按日为定时数数之常课，或约期为闭关专修之加行,则在乎行者之自择其宜耳。行至情死智生,皆能定、慧俱获,以先有信解与戒善为基本故也。此时,更当广研圣教经论,多问深思,熏开胜慧,庶善识位次,离魔邪上慢、似道法爱诸过,上上升进于解脱之圣道中,不致滞误。若《阿含》、《宝积》、《般若》、《深密》、《楞伽》、《华严》等经,与《俱舍》、《成实》、《中观》、《成唯识》、《瑜伽师地》等论,皆胜义之结晶,前圣之鸿式也。古今诸德之疏注,及拙著之《起信论略释》、《别说》,《唯识释》、《维摩讲义》、《楞严研究》、《楞伽义记》、《法华讲义》等,皆可参考资证,助发玄悟。由是信解融贯,定慧交修,菩提之心于是开发!

七、上来解行无懈,可期果证。若于生死流转中未能不怖,而又现身中未登三乘圣地,则今有一舍,势须于五趣中更受后有,难免隔蕴之迷,蹉跎耽误!甚或恶缘所逼,展转沉沦,则不可不求他力之净缘增上,上圣之大愿摄持,俾尽此身之报,即往净土而生;此则依弥勒以求生兜率内院,依弥陀以求生西方极乐之法门尚也!就今盛行之求生极乐以言,既具前来所修,信行已具,但加发一依怙阿弥陀佛之愿力,专心一意,以临命终时仗佛接引往生彼土而已。加习弥陀等经,确信必有弥陀等土之可往生,及专持弥陀佛名,则信愿行尤为一贯耳。

八、若虽未能现登三乘圣地,而能坚发深固大菩提心,悲悯五趣有情,誓于生死流转中广为济拔,渐由十信进趣三贤等菩萨行位,于长劫中修菩萨一切难行之行,凭胜解力及大愿力不生恐怖,不畏艰难,则可依释迦本师行菩萨道之本生所行为师法,恒磨砺以修六度,勤策发而习四摄,譬如火中优钵罗花,尤属难能可贵！若《怡山发愿文》所云近之矣。

丙寅元旦释太虚草于浙西弥勒阁中

（录自《太虚大师选集》下册，457—467页。）

中华书局

初版责编　陈平